KB027976

기 적 의 숫 자 퍼 즐

네모네모 로직®

고급편 1 PLUS

C O N T E N T S

제우미디어

풀이법

설명의 순서대로 한 번만 따라 칠해보면 로직해법을 마스터할 수 있습니다!

기본 규칙

- 숫자는 '연속해서 칠할 수 있는 칸의 수'를 의미한다.
- 한 줄에 여러 개의 숫자가 있을 때는, 숫자와 숫자 사이에 반드시 한 칸 이상을 띄고 칠해야 한다.
- 칠할 수 없는 칸은 ╳로 표시한다.
- 완성된 숫자는 ◯로 표시한다.

1

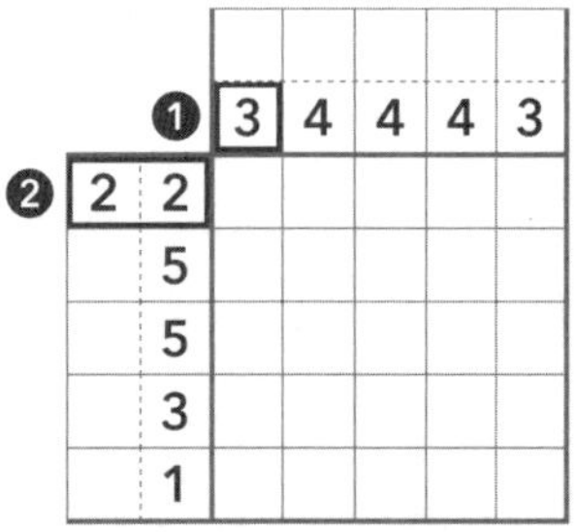

문제의 크기는 5x5이다.

❶은 세로 다섯 칸 중 세 칸을 연속해서 칠해야 한다는 뜻이다.

❷는 두 칸을 칠한 후, **한 칸 이상을 띄고** 다시 두 칸을 칠해야 한다는 뜻이다.

2

5는 다섯 칸을 연속해서 칠해야 한다. 다섯 칸을 모두 칠하고, 완성 된 5에 ◯로 표시한다.

3

위쪽의 3은, 세 칸이 연속해서 칠해져야 하니 맨 밑줄은 칠할 수 없게 된다. X로 표시한다.

4

위쪽의 4는, 네 칸이 연속해서 칠해져야 한다. **경우의 수를 따져보면** 네 번째 줄을 칠할 수 있다.

잠깐!

이 경우, 세 칸을 연속해서 칠할 수 있는 경우는 A, B 두 경우이다. 그러므로 칠할 수 없는 마지막 칸은 X로 표시한다.

잠깐!

이 경우, 네 칸을 연속해서 칠할 수 있는 경우는 A, B 두 경우이다. 여기서 네 번째 칸은 무조건 칠해진다.

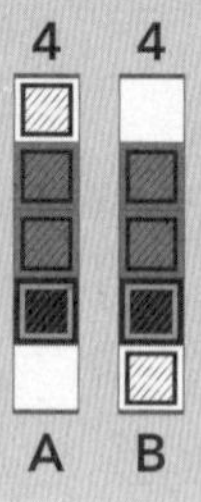

5

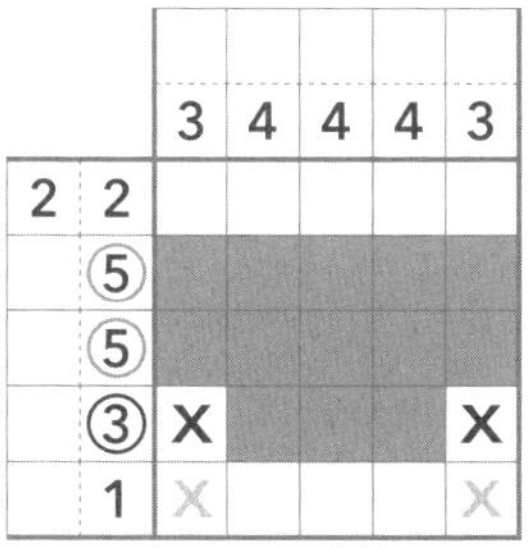

왼쪽의 3이 완성되었으니 숫자에 ○로 표시하고, 네 번째 줄의 양 옆을 ×로 표시한다.

6

위쪽의 3을 다시 보면 네 번째, 다섯 번째 칸이 ×로 표시되어 있다. 그럼 첫 번째 칸을 칠해야 3이 완성된다. 완성된 3은 ○로 표시한다.

7

왼쪽의 2는 두 칸이 연속해서 칠해져야 하니, 두 번째 칸과 네 번째 칸을 칠할 수 있다. 세 번째 칸은 ×로 표시하고, 완선 된 2는 ○로 표시한다.

8

이렇게 되면 위쪽의 두 번째, 네 번째가 완성된다. 완성된 4를 ○로 표시하고 맨 밑줄은 ×로 표시한다.

9

이제 남은 것은 위쪽의 4와 왼쪽의 1이다. **맨 밑줄의 남은 한 칸을 칠하면**, 위쪽의 4이자 왼쪽의 1이 완성된다.

잠깐!

네모 로직의 문제 크기가 큰 경우, **큰 숫자부터 공략하는 것**이 쉽다.
예를 들어 문제가 10x10이고 한 줄인 열 칸 중에서 아홉 칸을 연속해서 칠해야 할 때,
전체 칸 수(10) - 해당 칸 수(9) = **빈 칸 수(1)**
이 공식을 이용하면 경우의 수를 쉽게 풀 수 있다. 여기서는 1이 나왔으니 **위아래 한 칸씩**을 비우고 가운데 여덟 칸을 칠한다.

중요한 로직 풀이 TIP!

문제의 크기가 큰 로직 중에는 위의 설명만으로 해결되지 않는 것이 있다. 그럴 때 이것만 기억해 두면 손쉽게 풀 수 있다.

위에서부터 칠했을 때와 아래에서부터 칠했을 때 겹쳐지는 칸이 어디인지를 찾는다. 이때 숫자의 순서는 반드시 지켜야 하며 점을 찍어가며 생각하면 편하다.

❶ 한 칸에 점을 찍고, 한 칸 띄고 6칸에 점을 찍는다.
❷ 뒤에서부터 6칸에 점을 찍고, 한 칸 띄고 한 칸에 점을 찍는다.
❸ 겹치는 부분을 찾아 칠한다.

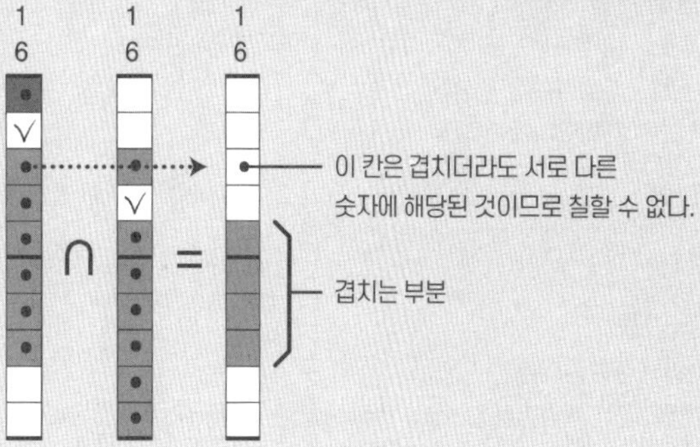

네모네모 로직® 플러스 고급편 1

초판 1쇄 펴냄 2020년 9월 18일
초판 15쇄 펴냄 2024년 10월 31일

편 저 | 제우미디어
발 행 인 | 서인석
발 행 처 | 제우미디어
등 록 일 | 1992. 8. 17
등록번호 | 제 3-429호
주 소 | 서울시 마포구 독막로 76-1 한주빌딩 5층
전 화 | 02) 3142-6845
팩 스 | 02) 3142-0075

I S B N | 978-89-5952-960-5
978-89-5952-895-0 (세트)

만든 사람들

출판사업부 총괄 손대현
편집장 전태준 | **책임편집** 양서경 | **기획** 홍지영, 박건우, 안재욱, 이주오
영업 김금남, 권혁진 | **문제 디자인** 나영 | **표지·내지 디자인** 디자인수, 디자인그룹올

※ 값은 뒤표지에 있습니다.
※ 파본은 구입하신 서점에서 교환해 드립니다.

A1 차가운 얼음을 갈아서 팥과 떡을 얹어요

난이도 ★★☆☆☆

30×30

열	단서
1	4 8
2	3 2 8
3	2 1 2 8
4	4 2 2 8
5	2 3 1 1 8
6	7 1 2 8
7	4 2 1 1 10
8	2 8 1 9
9	1 4 2 1 6 2
10	1 2 4 1 4 1
11	1 2 2 1 4 1
12	3 8 1 4 1
13	2 4 3 2 1 3 1
14	1 2 6 1 4 1
15	1 1 3 1 1 1 1 1
16	1 1 5 1 1 1 1
17	1 1 3 1 1 4 1
18	2 3 5 1 4 1
19	3 6 1 4 1
20	1 5 1 4 1
21	1 1 3 1 5 1
22	1 5 1 6 2
23	2 3 2 2 10
24	9 1 1 5 1
25	3 4 1 2 4 1
26	6 1 1 2 4 1
27	4 4 1 2 4 2
28	4 2 1 2 3 4
29	4 5 2 5
30	3 3 1 6

행	단서
1	6
2	2 2 2
3	1 1 3
4	6 5 4
5	2 2 1 2 4
6	1 6 5
7	3 2 2 4
8	6 1 1 5
9	3 6 6 2
10	1 4 4 4 6
11	7 11 2 1
12	4 1 3 15
13	2 12 1 2 3 2
14	2 3 3 3 2
15	4 3 5
16	1 3 3 2
17	2 4 5 2
18	2 8 2
19	2 2
20	3 2
21	2 3
22	3 3
23	12 13
24	29
25	14 12 1
26	14 11 2
27	9 1 1 3 3
28	8 2 1 3
29	9 2 4
30	30

A2 물고기의 집을 꾸며요

난이도 ★½☆☆☆

30×30

														1							1								
						1	1				1	1	1	1	1		1	1		1	1								
					2	3	1				1	1	1	1	1	1	1	1	1	1	1	1	1						
					3	1	1	1	1	1	1	1	1	2	1	1	1	1	1	1	1	1	3	2					
				3	1	1	2	1	1	1	2	2	1	2	3	1	2	3	1	2	2	1	1	2					
			2	2	2	4	2	1	1	1	3	1	2	1	2	11	6	2	2	6	1	1	1	2	3				
	3	2	3	9	2	3	2	1	1	4	1	1	1	2	1	2	1	1	9	1	1	2	4	6	2	2	2	3	
11	4	2	2	1	9	6	2	1	2	2	2	3	1	1	1	1	2	2	1	2	1	1	2	1	2	2	2	4	11
3	3	3	6	4	4	3	2	2	1	2	1	2	2	1	2	1	2	1	2	1	2	3	3	4	6	3	3	3	3

								20
							1	1
							1	1
							1	1
							2	2
						2	9	2
						7	5	2
							3	4
					2	5	6	2
						1	9	1
						2	2	2
					1	3	4	1
					1	2	5	1
					1	4	5	1
				1	4	5	2	1
		1	2	2	3	2	2	1
	1	4	2	2	2	3	3	1
		1	4	1	2	2	6	1
		1	4	3	2	2	3	1
		1	3	2	2	3	3	1
		2	4	2	3	2	2	2
				1	4	4	2	1
					1	3	5	1
						2	2	2
								26
1	2	1	1	1	2	1	1	2
		3	2	2	1	1	1	2
		7	1	1	1	1	2	8
		9	1	2	1	1	1	9
								30

A3 동전을 맛있게 냠냠

난이도 ★☆☆☆☆ (1.5/5)

30×30

Column clues (top to bottom, columns 1–30):

Column	Clues
1	14 4
2	3 1 4 3 4
3	2 2 1 3 4 6
4	1 2 3 1 1 3 2 5
5	2 2 2 1 5 4 4
6	1 3 1 2 2 2 2 2 1
7	1 2 2 4 2 2 1 1
8	1 3 1 1 2 3 1 1
9	4 1 1 3 3
10	2 2 1 2 3 2
11	1 1 2 2 2
12	1 5 3 2
13	1 2 1 3 4 2
14	7 2 5 1 2
15	8 1 2 1 2 3
16	2 3 2 4 3
17	1 1 1 2 1 1
18	1 1 1 3 1 1
19	2 2 1 4 2 1
20	6 1 4 1 1
21	3 4 1 2
22	1 1 5
23	1 5
24	2 6
25	1 2 4
26	2 1 4
27	2 2 4
28	2 2 5
29	3 11
30	10 6

Row clues (left to right, rows 1–30):

Row	Clues
1	5
2	3 2 5
3	2 3 3 2
4	1 4 2 1
5	7 2 5
6	4 6 2 3
7	4 3 4 2
8	3 8 2
9	2 4 2
10	4 1
11	1 3 5 2
12	3 1 3 1 1
13	4 1 5 1
14	3 5 1
15	2 3 3 4 1
16	1 1 3 1 3 2 1
17	1 3 1 3 1 1
18	1 3 1 3 1 1
19	1 14 1
20	1 1 1 2
21	1 1 2 2 1 1
22	1 2 2 2 1 1 2
23	2 3 4 3
24	1 9 3 1
25	2 6 2 2
26	2 3 3 3
27	6 12
28	9 5 9
29	5 8 10
30	30

A4 허수아비를 무서워한대요

난이도 ★★☆☆☆

30×30

Column clues (top to bottom):

Column	Clues
1	2 5
2	4 5
3	1 3 8
4	3 1 4 3
5	6 3 2
6	4 4 2 2
7	3 1 2 1 2
8	2 3 1 1 1
9	2 3 1 2 1
10	3 2 2 2 1 2
11	4 2 1 1 1 1
12	5 3 1 3 2 3
13	8 2 4 1 3
14	6 2 2 2 4
15	5 2 2 3 1 3
16	1 3 2 2 1 3 2 1
17	2 4 1 2 3 1 3
18	3 2 2 2 1 1 1 1 2
19	4 2 2 1 1 1 1 1 1 1
20	5 3 1 1 1 3 8
21	5 2 1 1 5 2 2
22	6 2 9 2 1
23	7 2 6 1 2
24	8 7 3
25	9 5 4
26	10 3 6
27	12 4 3
28	14 2 3
29	17 2 3
30	17 5

Row clues (left to right):

Row	Clues
1	8 15
2	11 14
3	4 7 13
4	3 2 7 12
5	4 4 6 11
6	2 2 3 3 3 9
7	7 3 5 8
8	2 2 4 2 3 7
9	4 3 2 1 4 6
10	2 2 2 2 5
11	3 4 1 4 2 4
12	2 5 1 3 4 4
13	1 2 9 3
14	1 2 3 5 3
15	3 2 11 2
16	3 4 4 1 2
17	3 11 2 2
18	4 3 3 4
19	4 11 2
20	2 4 2
21	2 6 1
22	2 2 5
23	3 3 3
24	4 6 2
25	5 1
26	1 1
27	2 3
28	6 5
29	3 2 4 1
30	2 1 1 2

A5 커피를 내리고 있어요

난이도 ★★☆☆☆

35×35

열	힌트
1	4 2 7 3 2
2	2 4 2 2 3 2
3	9 5 1 3 2
4	3 2 2 2 1 3 2
5	2 1 2 2 1 1 1 3 2
6	2 1 2 1 6 2 3 2
7	3 2 1 2 4 3 2
8	5 2 2 3 4 3 2
9	5 5 2 3 2
10	5 2 4 1 1 3 2
11	1 1 3 2 8
12	2 2 6 2
13	1 2 2 1 2
14	6 1 4 2 2
15	9 1 6 2 2
16	5 1 8 2 4 1 4
17	5 2 4 1 1 1 5 1
18	5 2 1 1 1 2 1 1 2 1
19	4 2 1 1 3 2 1
20	4 2 1 1 2 2 1
21	3 2 1 1 1 1 2 1
22	4 2 4 1 1 5 1
23	5 1 9 4 1 4
24	11 8 2
25	7 1 3 2
26	2 17
27	1 2 1 1 1
28	7 2 1 2
29	1 3 4 1 2
30	2 2 3 15 1
31	3 2 3 4 1
32	1 1 2 3 7
33	1 1 3 3 1
34	2 8 3 1
35	2 1 3 3 1

행	힌트
1	2 8 2
2	4 10 5
3	2 2 12 2
4	7 2 7 4 9
5	3 1 1 5 3 1 1
6	1 1 1 1 2 2 1 3 1
7	1 1 3 5 5 1 3 1
8	3 2 2 2 2 2 1 1
9	2 1 1 2 9
10	10 1 2 1 9
11	10 1 4 2 7
12	6 5
13	4 3 8 3
14	2 3 2 2 2
15	2 3 3 3 1
16	1 3 2 2 1
17	2 2 2 2 2 2 2
18	3 5 2 10 1
19	1 2 3 3 2 1 1
20	1 3 2 1 1 1
21	1 2 1 1 1 1
22	1 3 2 3 3 1
23	1 2 2 2 2 2 1
24	2 4 2 2 2 2 1
25	5 7 8 1 1
26	1 1 1 1 1
27	1 1 1 1 1
28	2 2 2 1 1
29	11 6 1 6
30	11 8 1 6
31	11 1 1 10
32	1 2 2 1 2
33	1 1 1 1 1
34	16 4 2 1
35	35

A6 말보다 작아요

난이도 ★★☆☆☆

35×35

				2																														
	1	2		2	2	2	2	2		2	2	2																						
	3	3	4	1	4	4	3	3	1	1	3	4	1												2	1	2		3	3	4	4		
5	9	3	1	1	1	2	3	3	3	2	2	5	7	6	5	3		3		3	3	3	3	3	2	1	1	3	1	2	1	2		
2	2	1	1	2	1	1	1	2	1	6	2	1	2	2	3	2	2	2	3	1	1	2	1	2	1	2	1	1	1	2	3	5	3	
5	1	1	2	2	2	3	3	2	4	6	7	1	1	2	8	1	1	1	1	4	1	1	1	5	6	1	1	5	7	1	1	1	2	20
11	11	11	10	10	10	9	9	9	8	1	1	1	2	4	1	1	1	2	11	6	6	5	5	4	1	1	1	4	1	1	1	2	12	3

			10	5	7	6
	1	7	2	3	8	6
	1	1	2	4	8	5
		1	2	2	3	3
			2	6	4	3
			1	5	4	2
			2	5	3	1
		2	2	6	7	1
		2	6	4	3	1
				1	8	3
			3	3	1	2
			3	4	1	1
			2	2	1	1
				1	1	1
				1	2	1
			5	2	1	1
		2	3	1	1	1
			1	2	1	1
		2	2	1	1	1
	2	1	1	1	2	1
			1	5	1	1
		8	1	1	2	1
		4	2	1	5	1
			4	7	1	2
3	1	2	2	1	1	1
6	2	2	1	1	1	1
9	1	1	1	1	2	1
	12	1	1	2	1	1
	12	1	1	1	1	1
	12	1	3	1	1	1
	12	1	5	1	1	1
						34
		11	2	7	2	2
		10	2	7	1	3
						35

A7 소라 껍데기 속에 무엇이 들어 있을까요?

난이도 ★★☆☆☆

35×35

Column clues (columns 1–35, read top to bottom):

1	2	3	4	5	6	7	8	9	10	11	12	13	14	15	16	17	18	19	20	21	22	23	24	25	26	27	28	29	30	31	32	33	34	35
																			1								1	1						
												1	2		1			3	1	2							1	2	2					
										2		2	2	1	2	2	1	2	1	1	1	1	1	1	2	3	2	2	2	6				
					2	2	1	2		1	2	1	1	2	2	2	2	3	2	1	1	2	1	1	2	2	2	3	3	2				
		1	2	4	1	1	2	3		6	2	1	4	6	6	2	1	4	3	2	1	2	1	2	1	2	1	2	6	1	8	7		
	2	1	2	1	2	3	3	3	4	1	2	2	1	4	2	2	1	3	5	7	6	5	5	5	5	2	2	1	1	3	5	2	2	
	2	1	2	5	2	1	2	4	4	5	4	2	2	2	2	2	2	3	2	2	1	2	2	1	4	6	1	1	1	2	6	2	2	
15	4	2	1	1	3	2	1	1	10	2	7	4	5	6	3	9	4	2	2	2	2	2	3	4	1	4	4	2	2	2	1	6	3	12

Row clues (rows 1–35):

							5
						7	2
					3	3	1
						1	3
						7	2
					4	5	1
					3	3	2
					2	2	1
					2	2	1
				1	7	1	1
					1	12	3
					4	3	2
				3	2	3	1
			2	3	2	2	2
			1	1	3	2	1
			1	1	1	1	1
			1	4	4	2	1
		1	4	3	2	1	1
			8	3	6	1	1
3	4	1	1	1	5	1	2
		2	2	3	8	2	1
				1	1	3	15
			1	2	3	8	3
	1	2	4	6	2	2	2
	1	5	1	2	3	1	1
			1	8	2	7	1
			2	4	6	1	4
	4	3	4	3	1	2	2
	1	3	4	1	4	6	1
		1	13	3	2	2	1
	1	1	5	7	1	3	1
2	1	7	3	4	2	1	1
		2	2	2	7	8	3
			3	2	16	3	3
			13	3	4	5	4

A8 몸을 쭉쭉 늘려줘요

난이도 ★★☆☆☆

35×35

세로 힌트 (열 1–35, 위에서 아래로)

열	힌트
1	4 1 2 4
2	3 2 1 2 4
3	3 2 1 2 4
4	5 1 2 1 2 4
5	1 4 1 1 2 4
6	4 4 1 2 5 4
7	2 2 2 1 1 2 4
8	1 1 1 2 1 2 4
9	5 6 1 2 4
10	1 1 7 1 2 4
11	2 2 9 1 2 4
12	1 1 16 4
13	2 2 9 10
14	1 1 10 1
15	1 4 6 1
16	2 2 16 1
17	1 1 2 1 2 2 1
18	3 2 2 1 2 2 1
19	7 2 5 4
20	10 1 1 2 4
21	4 2 2 2 1 2 4
22	3 1 1 1 1 2 4
23	2 1 2 2 1 2 4
24	3 7 1 2 4
25	5 1 1 1 2 4
26	1 1 1 2 3
27	1 1 1 2 3
28	8 7 1 2 3
29	8 9 1 2 2
30	1 1 2 1 2 2
31	3 2 5 1
32	2 1 2 1 2 1
33	1 1 2 1 2 1
34	1 2 2 1 2
35	3 2 1 2

가로 힌트 (행 1–35, 왼쪽에서 오른쪽으로)

행	힌트
1	2 5 2
2	1 2 7 2
3	1 4 5 2 2
4	1 1 3 4 1 2
5	1 1 1 3 3 1 2
6	2 4 4 2 1 2
7	1 1 3 6 1 2 4
8	2 1 3 15 1
9	1 2 3 1 1 1 2
10	2 1 2 2 2 6
11	1 2 3 9
12	1 3 2 1 2
13	2 8 2 2
14	2 6 3 2
15	2 6 3 2
16	3 7 2 2
17	13 2
18	10 7
19	7 6
20	6
21	6
22	1 1
23	1 1
24	12 20
25	1 1 1 1 1
26	1 2 1 1 1
27	13 20
28	13 20
29	1 1
30	1 1
31	1 1
32	13 10
33	13 12
34	13 12
35	33

A9 베네치아에서 탈 수 있어요

난이도 ★★☆☆☆

35×35

Column	Clues (top to bottom)
1	5 1 5 4
2	1 6 16 2 1
3	2 5 7 2 1
4	5 5 4 1
5	11 7 1 2
6	10 5 1 3
7	9 3 1 2 1
8	1 9 2 1 2 1
9	9 9 2 4 1
10	10 10 5 1
11	11 8 2 4 1
12	3 1 1 6 2 3 1
13	2 1 1 5 2 2 1
14	2 1 1 1 3 4 3
15	2 1 1 1 2 5 2
16	9 1 2 6 2
17	1 1 2 7 3
18	11 1 2 8 2
19	1 2 2 6 2
20	5 2 2 5 3
21	3 3 2 5 3
22	1 6 1 2 4 3
23	1 1 17 3
24	6 1 1 1 10 2
25	1 4 1 1 1 9 2
26	1 2 1 1 1 1 9 2
27	1 1 1 1 1 1 7 2
28	1 1 2 5 5 4
29	9 5 5 2
30	1 4 2 4 2
31	1 2 2 14 3
32	2 2 2 5 3
33	2 2 2 1 4 5
34	1 6 1 3 5
35	4 1 1 10

Row	Clues (left to right)
1	3 4 1 6
2	1 2 6 1 1 1
3	2 1 4 2 1 10
4	2 1 3 1 1 3 1 3
5	2 1 3 1 1 2 2 2 1
6	1 2 3 1 1 8 2 2
7	1 1 3 1 1 2 3 3
8	2 1 3 1 1 11 3
9	1 2 3 1 1 4 5 1
10	1 2 3 1 1 1 7 2 2
11	3 16 2 1 4
12	2 3 2 10
13	1 4 5 3 3
14	1 5 2 7 1 3
15	1 5 4 2 8 2
16	1 6 2 9 2
17	1 6 2 2 6 2
18	1 8 2 2 6 2
19	1 10 2 5 3
20	1 8 2 5 1 1
21	2 7 11 1 1
22	3 5 12 1 2
23	4 3 11 1 1
24	5 2 11 1 2
25	6 2 10 2 1
26	9 2 6 1 1
27	6 2 1 1
28	3 2 2 1
29	3 4 1 2
30	3 1 4 1 3
31	3 1 7 1 3
32	2 2 2 7 2 4
33	1 2 10 1 5
34	1 2 5 17
35	8 12

A10 차를 타고 여행을 떠나요

난이도 ★★☆☆☆

40×30

Column clues (top, left to right; each read top to bottom):

Col	Clues
1	5
2	7
3	3 3 3
4	4 8 10
5	6 6 3 2 5
6	2 4 2 6 3
7	4 2 2 4 2
8	4 5 2 4 2 1
9	1 3 9 3 5 1
10	1 10 1 1 8
11	1 8 1 2 5 3 1
12	5 1 1 2 3
13	1 1 1 2 2 1
14	1 1 4 2 2
15	1 1 4 2 6 5 2
16	1 1 4 2 6 9
17	1 4 1 4 2 5 6 2
18	1 4 1 4 2 4 6 2
19	1 3 4 1 4 2 9
20	1 3 3 1 4 4 1
21	1 2 6 10
22	1 1 1 11
23	5 6 4 2 2
24	1 5 1 1 2 5
25	2 7 4 2 5
26	7 2 2 4 2
27	1 2 12 2 9
28	12 2 9
29	6 3 4 3 6 5
30	2 27 9

Row clues (right side, top to bottom):

Row	Clues
1	23
2	1 1 1 2 3
3	1 1 2 1 4
4	1 1 3 1 5
5	1 2 3 2 1 3
6	1 1 1 5
7	4 1 3 1 3 1
8	6 1 4 1 4
9	2 2 1 4 1 4
10	2 2 1 4 1 4
11	5 2 1 2 1
12	3 14 1 4
13	1 1 1 1 1 1 2
14	1 1 8 1 1 1 2
15	1 1 8 1 1 1 2
16	1 1 8 1 3 1
17	1 14 2 1
18	2 1 1
19	16 3 2
20	17 1 1 2
21	1 1 1 1 1 3
22	1 1 1 4 1 3 2 1
23	1 1 1 4 2 2 1
24	5 1 4 1 2 1
25	7 1 4 5 1
26	3 3 1 3 1 4 1
27	2 2 1 2 2 2 1
28	3 3 2 3 2 1
29	6 1 1 5 2 2
30	3 4 5 2 2
31	1 2 1 5 2 2
32	1 1 1 8 4
33	1 1 1 3 1 1 4
34	2 2 1 2 1 5
35	3 2 3 2 3 1
36	3 4 2 8
37	4 4 1 7
38	3 4 1 2 4
39	2 1 1 2 7
40	8 4 2

A11 종이를 싹둑싹둑

난이도 ★★☆☆☆

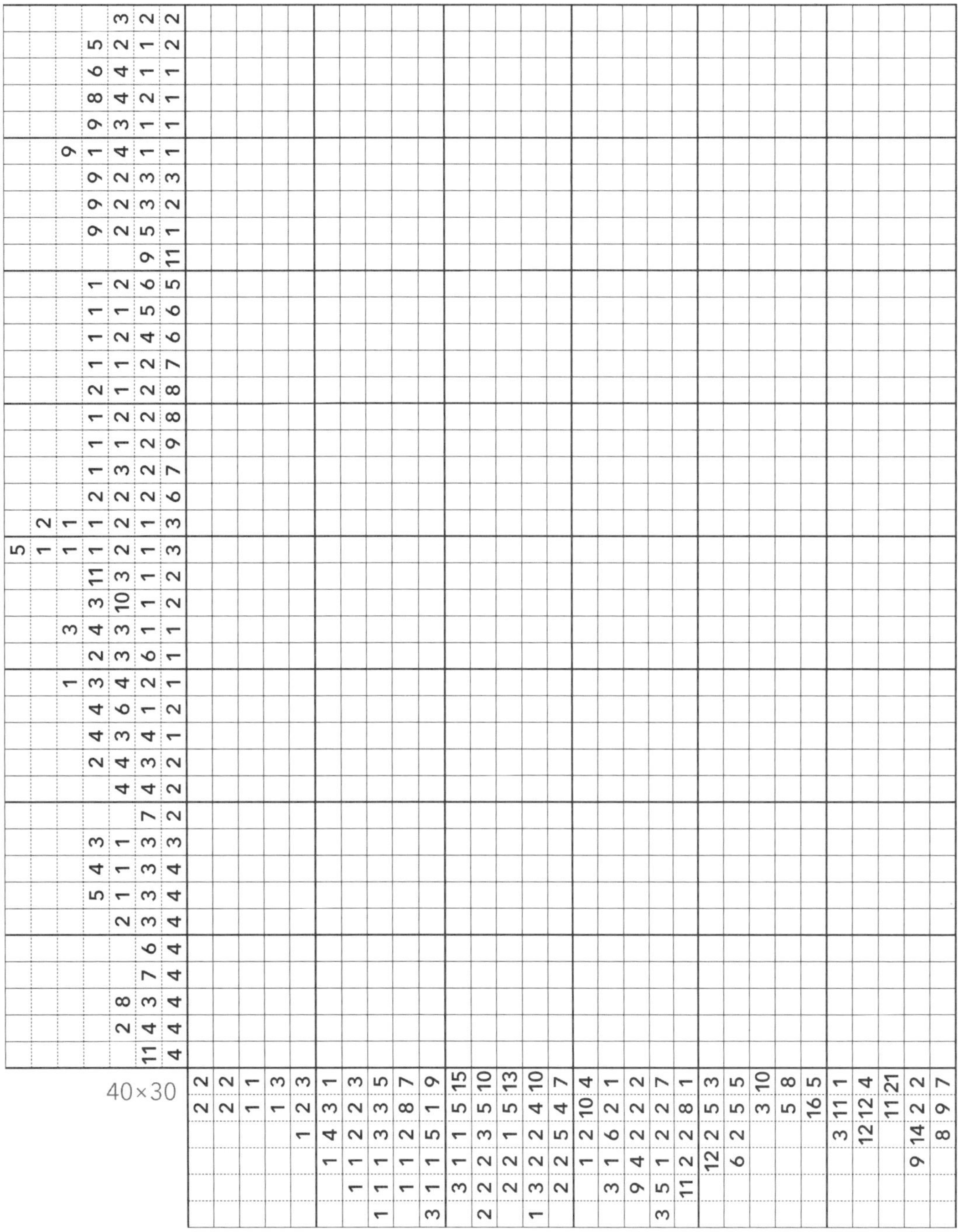

40×30

A12 차에서 대포가 나가요

난이도 ★★☆☆☆

40×30

Column clues (top to bottom):

Column	Clues
1	9 8
2	3 6 7
3	1 2 2 2 6
4	1 1 6 5
5	5 2 1 2 4
6	1 2 2 4 2 3
7	2 2 2 7 2
8	2 2 2 2 2 1
9	3 2 1 5 2
10	1 1 3 2 4 3
11	2 1 2 1 1 4
12	1 2 2 2 4 2
13	4 2 5 2 4 1
14	4 3 2 2 4 1
15	3 1 2 2 2 2
16	1 1 2 1 8
17	4 2 2 3 4 3
18	2 1 1 3 1 3 1 4
19	2 1 1 2 2 10
20	1 4 3 1 9
21	1 8 1 9
22	2 1 8 2 9
23	6 2 1 9
24	2 5 2 2 1 6 1
25	3 1 3 3 1 1 1
26	1 1 3 1 2 2 2
27	1 2 2 2 1 1 3
28	8 1 1 1 3
29	1 5 1 2 2 3
30	4 1 2 1 1 3
31	2 1 2 2 1 3 3
32	1 2 1 3 2 4 3
33	2 2 3 11 3
34	1 2 2 2 10 3
35	5 5 8 4
36	2 2 2 2 7 4
37	1 2 1 2 6 6
38	4 1 3 8
39	6 15
40	4 15

Row clues (left to right):

Row	Clues
1	3 3 3 4
2	3 3 3 4 3
3	7 1 3 1 4
4	5 2 9 4 1 4
5	5 6 1 3 2
6	1 4 6 1 1 8
7	1 2 6 1 7
8	5 5 3 6
9	2 3 1 3 2 3
10	3 2 2 2 5 3
11	1 3 3 1 12 1
12	1 2 5 9 3 1
13	1 2 13 4
14	1 2 6 4 2
15	1 3 3 2
16	1 3 4 4 2 3
17	2 2 3 6 2 4
18	2 5 2 6 2
19	3 2 2 1 9 2
20	1 3 1 4 5 2
21	1 1 2 2 4 5 2
22	3 4 5 5 2
23	1 2 5 9 5 3
24	2 2 1 4 3 6 6 3
25	3 3 2 6 6 7 4
26	4 2 2 3 2 6 4 4 4
27	5 2 4 1 9 6
28	6 4 2 9 14
29	7 4 9 15
30	8 13 17

A13 영화가 튀어나와요

난이도 ★★☆☆☆

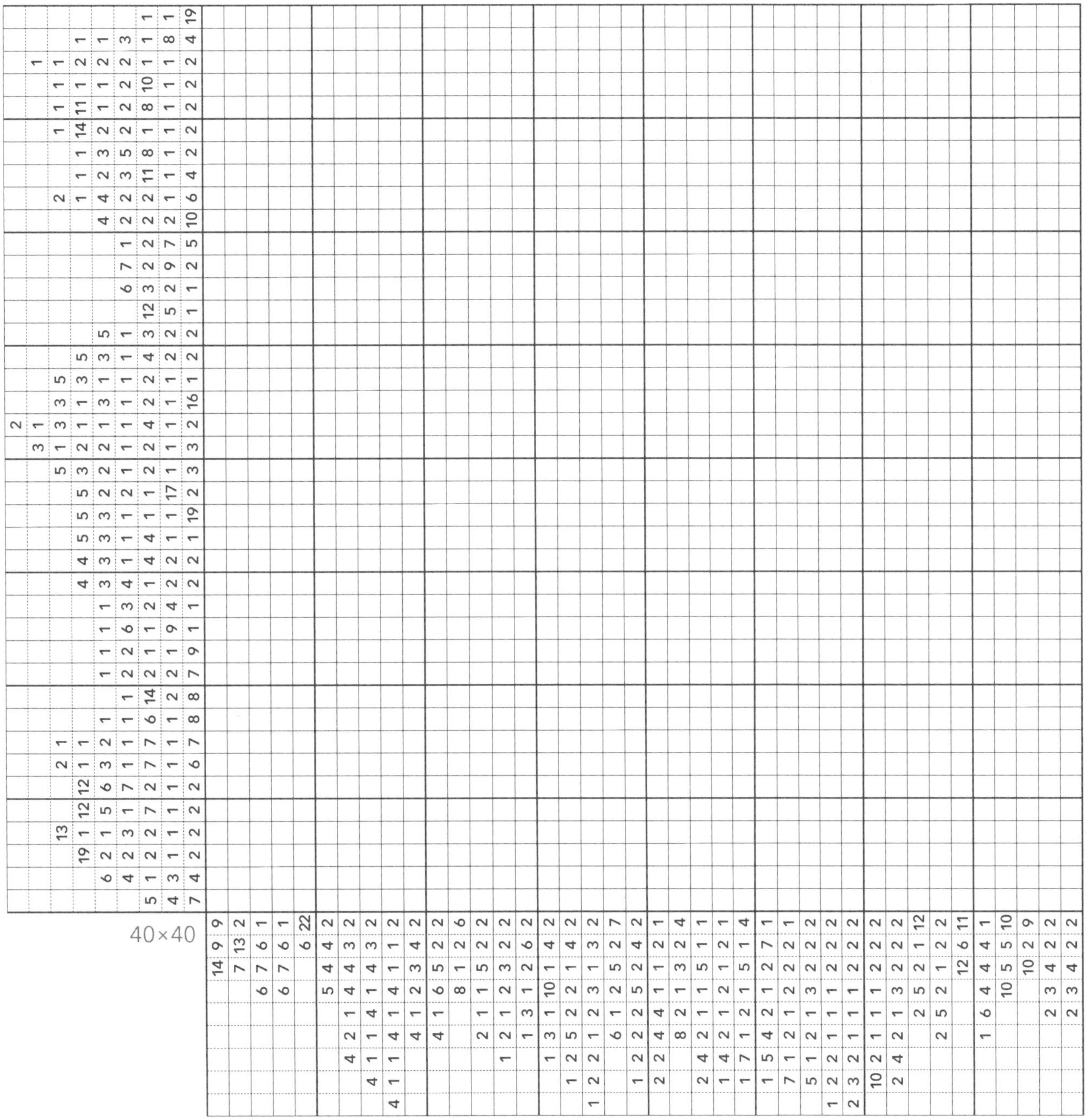

40×40

A14 엄지손가락을 들어요

난이도 ★★☆☆☆

40×40

Column clues

Column	Clues
1	14 4
2	34 4
3	18 1 3
4	1 1 1
5	5 2 2 2
6	2 2 1 1 1
7	2 4 2 1
8	2 2 1 2
9	2 2 2 1
10	1 1 2 1
11	2 1 1 1 1
12	1 2 2 1 1
13	1 2 3 1 1
14	5 1 1 16 2
15	2 2 3 3 3 1
16	1 5 2 3 3 2
17	2 2 1 3 3 1
18	1 5 2 3 3 2
19	1 1 2 3 6 3 2
20	1 5 6 2 5 2
21	1 1 5 6
22	2 5 12
23	3 1 5 2
24	1 5 6 4 3
25	2 1 6 7 4 2
26	1 2 3 1 1 3 3
27	4 3 2 4 3
28	10 3 2 1 2 3 2
29	6 7 4 2 1 2 1 2 3
30	6 7 5 2 2 1 2 3
31	3 5 9 4 1 2 3
32	6 7 5 5 3
33	6 4 2 6 5 3
34	2 11 8 6 3
35	2 4 7 9 7 3
36	2 13 10 7 4
37	10 17 2 1
38	2 7 6 16 5
39	2 15 13 6
40	2 12 4 7 7

Row clues

Row	Clues
1	2 3 2 5 3
2	2 9 1 8 3
3	2 4 2 1 5
4	2 5 2 2 8 3
5	2 3 1 1 1 1 3 3 5 3
6	2 2 1 1 1 1 1 3 5 3
7	2 2 3 1 1 1 1 1 7
8	2 2 2 1 1 3 3 3 5
9	2 2 7 3 9
10	2 1 2 13
11	2 1 2 10 2
12	2 1 4 5 7
13	2 2 3 2 13
14	2 2 3 13
15	2 1 2 1 6
16	2 3 2 2 5 4
17	2 10 1 12 3
18	5 2 1 14 2
19	2 9 16 1
20	2 8 3 9 1
21	2 8 2 1 7
22	2 1 3 4 6
23	2 1 4 2 4 6
24	2 1 2 1 1 1 7
25	2 1 1 1 2 3 6
26	2 1 1 1 2 1 5
27	2 1 1 1 2 5
28	2 1 1 1 2 1 4
29	2 1 2 1 2 4 5
30	2 1 4 4 6
31	2 11 1 6
32	4 9 2 8
33	1 3 9 4 11
34	2 8 1 4 7 1
35	1 2 2 12 2
36	1 2 9 3
37	2 2 5
38	4 3 15
39	2 4 3 12 3
40	2 7 3 12

A15 목소리를 담을 수 있어요

난이도 ★★☆☆☆

40×40

행	힌트
1	1 8 2 12
2	1 3 6 2 12
3	3 1 6 3 11
4	2 1 6 2 11
5	2 1 1 2 2 11
6	3 1 5 2 11
7	8 8 2 11
8	1 2 6 7 2 2 8
9	1 2 2 7 2 2 2 2 6
10	1 2 2 3 8 4 2 5
11	6 2 6 3 1 3 3 4
12	2 2 9 3 4 1 1
13	2 3 3 3 1 5 1
14	2 8 2 7 1
15	2 3 6 1
16	12 5 2
17	9 2 7
18	5 3 1 2 1
19	12 3 1 5
20	1 3 4 3 2 5 3
21	1 3 1 2 1 2 2 2
22	4 4 2 2 2
23	6 1 3 2 1 2
24	7 3 2 3 4 1
25	7 3 3 2 2
26	8 2 1 2 3 3 2
27	9 2 2 1 5 7
28	9 1 1 8 4
29	1 7 2 8 2
30	1 9 2 6 2
31	1 11 2 7 1
32	2 24 6
33	1 7 10 5 2
34	1 5 5 9 4 1
35	2 19 2
36	2 2 3 3 1
37	2 2 2 1
38	8 3 2 2
39	8 3 6
40	4 16

열	힌트
1	11 10
2	5 1 8 4
3	2 3 1 1 10 2
4	2 3 1 1 13 2
5	7 3 16 2
6	1 1 2 3 13 1
7	7 3 12 1
8	4 2 4 2 10 1
9	4 1 6 2 9 1
10	4 1 2 2 3 4 1 3
11	6 1 3 2 3 4 3 5
12	4 6 2 2 4 2 3 3
13	5 2 2 2 2 2 2 2 2
14	3 4 2 1 1 2 2
15	6 1 2 3 1 2 2
16	1 6 2 1 1 3 2
17	4 3 2 5 3 5
18	8 2 4 9
19	2 3 1 2 2 2 4
20	8 2 1 3 5
21	3 2 2 5 6
22	1 4 2 4 8
23	2 2 3 3 6 2
24	6 2 10 1
25	3 1 7 2
26	3 4 2 8 1
27	10 1 1 7 1
28	6 7 2 5 1
29	2 9 1 4 1 1
30	16 1 3 2 1
31	8 10 2 2 2 1
32	7 5 2 3 2 1
33	8 2 1 2 1 2 2 1
34	8 1 1 3 1 2 1
35	9 2 1 2 1 2
36	10 3 4 1 2
37	11 2 1 6 2
38	16 2 2 2 2
39	11 5 3 3 3
40	12 9 2 3

A16 바닷속에서 무엇을 잡아 왔을까요?

난이도 ★★☆☆☆

40×40

Column clues (columns 1–40, left to right)

Column	Clues
1	12 11
2	13 12
3	9 8
4	1 1 1 1
5	10 3 19
6	1 1 1 1
7	6 6
8	6 8
9	6 10
10	3 6 10
11	5 6 10
12	1 1 1 17
13	2 1 17
14	1 2 17 10
15	5 15 4 3 2
16	1 3 2 2 3 3
17	1 3 4 3 3 2
18	2 2 2 3 2 1 3 4
19	3 1 2 1 1 3 3 1
20	1 3 2 1 1 1 3 4
21	1 2 2 1 2 3 4 4 1
22	5 2 3 5 1 3 5
23	2 2 2 2 2 3 11 1
24	1 4 2 2 3 4 5
25	2 2 10 5 11 1
26	4 2 6 2 2 3 2
27	2 2 5 3 1 3 3 2 2 1
28	4 1 1 1 2 5 2 1 2 4
29	4 1 2 1 2 3 3 3
30	1 2 2 1 1 1 2 2 5
31	2 2 2 3 14 2
32	3 3 1 1 7 1
33	1 10 1 1 1
34	1 1 1 2
35	7 8 8 4
36	17 11 5
37	3 4 7
38	2 2
39	2 2
40	9

Row clues (rows 1–40, top to bottom)

Row	Clues
1	1 7 2
2	1 1 9 2 2 2 2
3	2 1 2 1 1 5 4 2
4	2 1 3 1 3 4 2
5	2 1 2 2 3 2 2 2 2
6	2 1 8 3 6
7	3 1 2 1 6 4
8	3 1 5 10 2 2 4
9	3 1 8 9 1 3 2
10	15 1 2 1 2 1
11	3 9 2 2 2 1 2 1
12	3 9 3 1 1 1 2 1
13	3 9 2 1 1 1 1 2 1
14	2 2 4 2 1 1 1 2 1
15	6 7 2 1 2 2 1 2 1
16	1 8 3 2 1 2 1
17	14 4 2 2 2 2
18	2 9 2 3 2 1 3
19	3 12 3 2 3 3
20	3 11 7 1 3
21	3 9 2 1 13
22	15 5 2 2
23	3 1 7 1 4 2
24	3 1 6 1 2 4 2
25	2 1 2 2 4 3 2
26	2 1 2 8 1 3
27	2 1 7 3 3 1 2
28	2 1 2 1 1 1 1 1 4 1
29	1 1 1 1 1 1 1 1 5 2
30	1 1 1 1 1 2 4 2 1
31	1 1 1 1 1 2 3 2 1
32	1 1 1 1 1 2 1 3 2 1
33	1 2 1 1 1 1 1 4 1
34	1 2 1 1 1 1 1 6 1
35	1 2 1 1 1 1 4 1 1
36	1 1 1 1 3 3 2 1
37	1 3 1 1 1 1 3 2 2
38	1 4 1 1 1 4 3
39	1 6 3 9
40	1 3 6 2

A17 공 여러 개를 동글동글 던져요

난이도 ★★☆☆☆

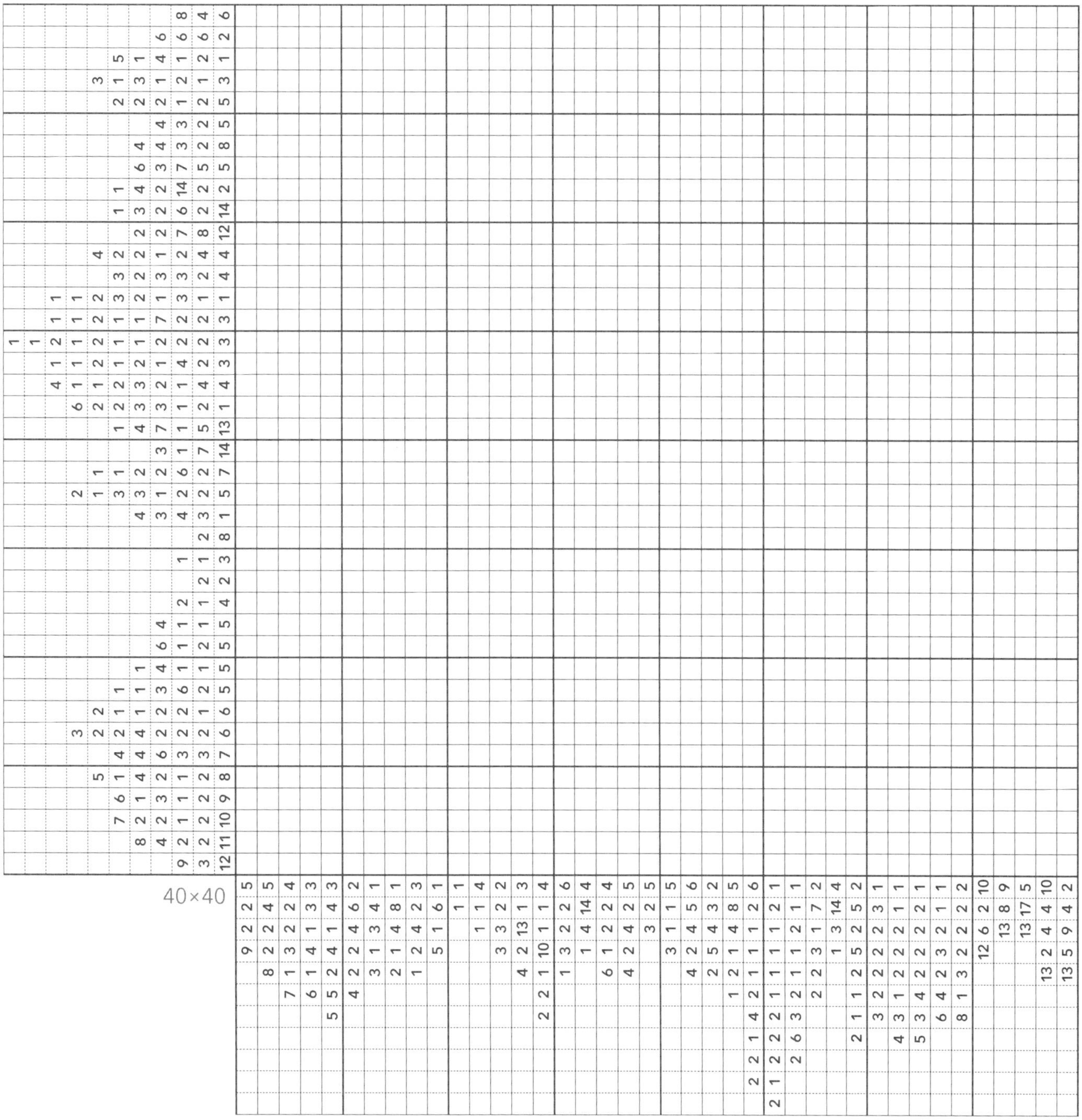

40×40

A18 배가 바닥속으로 들어갔어요!

난이도 ★★☆☆☆ (2.5/5)

40×40

Column clues (left to right, top to bottom):

Column	Clue
1	17
2	11 4 9
3	17 4 5
4	15 6 3
5	17 1 4 2
6	15 3 1 4 1
7	14 5 3 2 1
8	8 1 3 4 1
9	2 2 2 2 1
10	5 2 4 3 12 1
11	6 2 1 2 5 3 1
12	3 2 4 3 3
13	2 2 2 3 2
14	2 4 3 1
15	2 4 2 1
16	2 1 2 3 8 1
17	2 2 2 2 4 3 2
18	1 4 3 11 2 1
19	2 4 2 7 1 3 1 2
20	3 2 2 4 1 1 1 1 3 2
21	3 3 5 1 1 1 1 1 5
22	3 2 5 1 1 1 3 1 1 1
23	1 2 2 1 1 11 1 1 3
24	1 2 3 1 1 3 3 1 4
25	1 2 2 1 1 3 3 4
26	3 4 1 3 2 4
27	2 3 1 4 1 5
28	5 1 1 2 1 8 1 5
29	1 5 1 5 3 1
30	5 4 4 3 3 1
31	5 2 5 3 2 6
32	3 5 4 5 3 7
33	12 6
34	5 3 1
35	4 5
36	6 2 12
37	9 10 2
38	9 10 9 1
39	4 2 12 9 2
40	13 10

Row clues (top to bottom):

Row	Clue
1	3 2 8 3
2	3 3 6 2 3 3
3	3 3 2 3 4 3 5
4	3 2 2 2 2 1 2 5
5	5 2 2 4 2 1 2 5
6	6 2 2 4 2 1 5
7	6 2 2 2 5 3
8	7 2 3 1 2 3 2
9	7 2 3 1 2 5 1 4
10	9 5 2 2 2 1 4
11	8 3 2 6 1
12	7 1 2 1 2 2
13	7 3 2 8 1 3
14	6 2 2 2 1 2 1 3
15	5 5 1 7 2 3
16	4 3 2 2 7 3
17	4 2 6 1 1 3
18	3 3 1 2 1 2 1 3
19	2 2 2 2 7 1 2 3
20	1 3 1 1 2 1 1 1 3
21	2 5 2 7 1 1 3
22	1 3 1 2 1 2 1 3
23	1 2 7 1 1 2
24	2 1 3 1 1 7 1
25	1 4 1 8 1 9
26	1 2 2 2 3 2 1 10
27	1 6 2 1 6 1 10
28	1 4 1 1 1 1 1 1 9
29	1 6 1 1 6 2 1 5
30	1 4 1 1 1 1 1 2 5
31	1 1 1 7 2 1 5
32	2 1 2 1 1 3 5
33	2 1 1 13 2 2
34	2 1 2 3 2 2 1 1
35	2 1 8 3 2 2 3
36	3 2 1 2 5 5 3
37	3 2 2 5 5
38	4 2 2 6 5
39	5 2 3 6 3
40	17 6 5

A19 흙을 예쁘게 만들어요

난이도 ★★☆☆☆

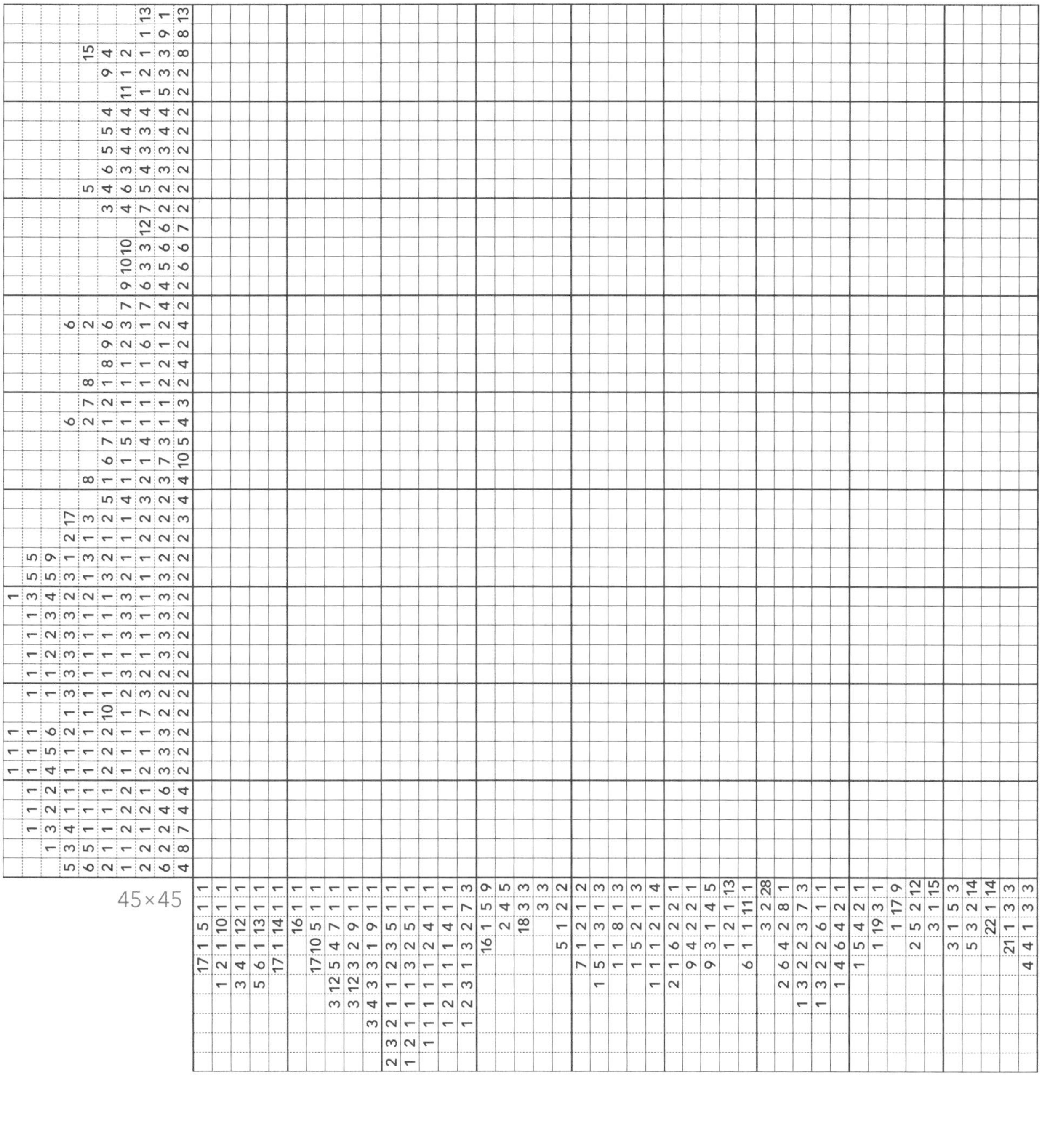

A20 골고루 먹어야 해요

난이도 ★★☆☆☆

45×45

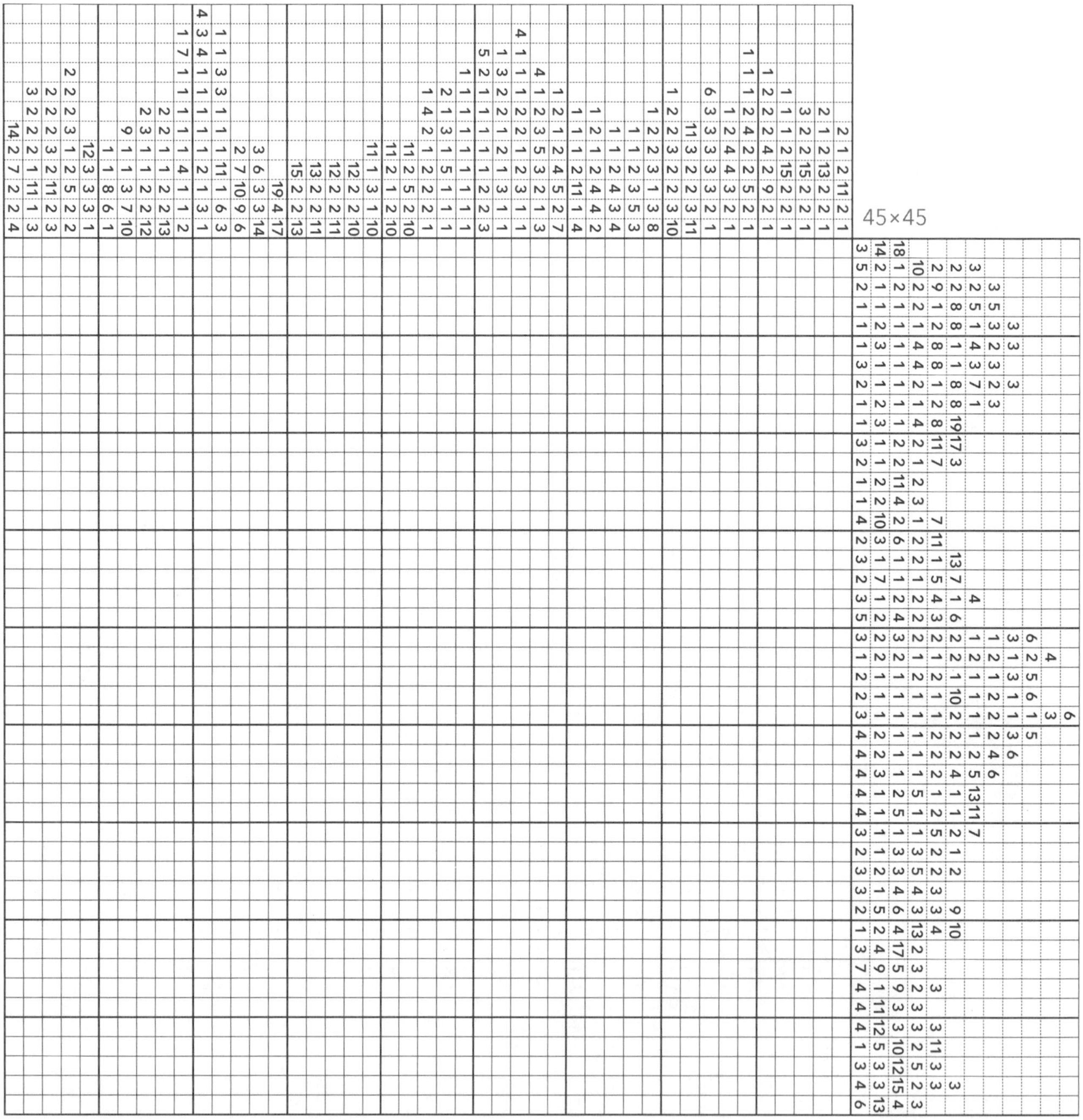

A21 천천히 올라가다가 갑자기 훅 떨어져요!

난이도 ★★☆☆☆

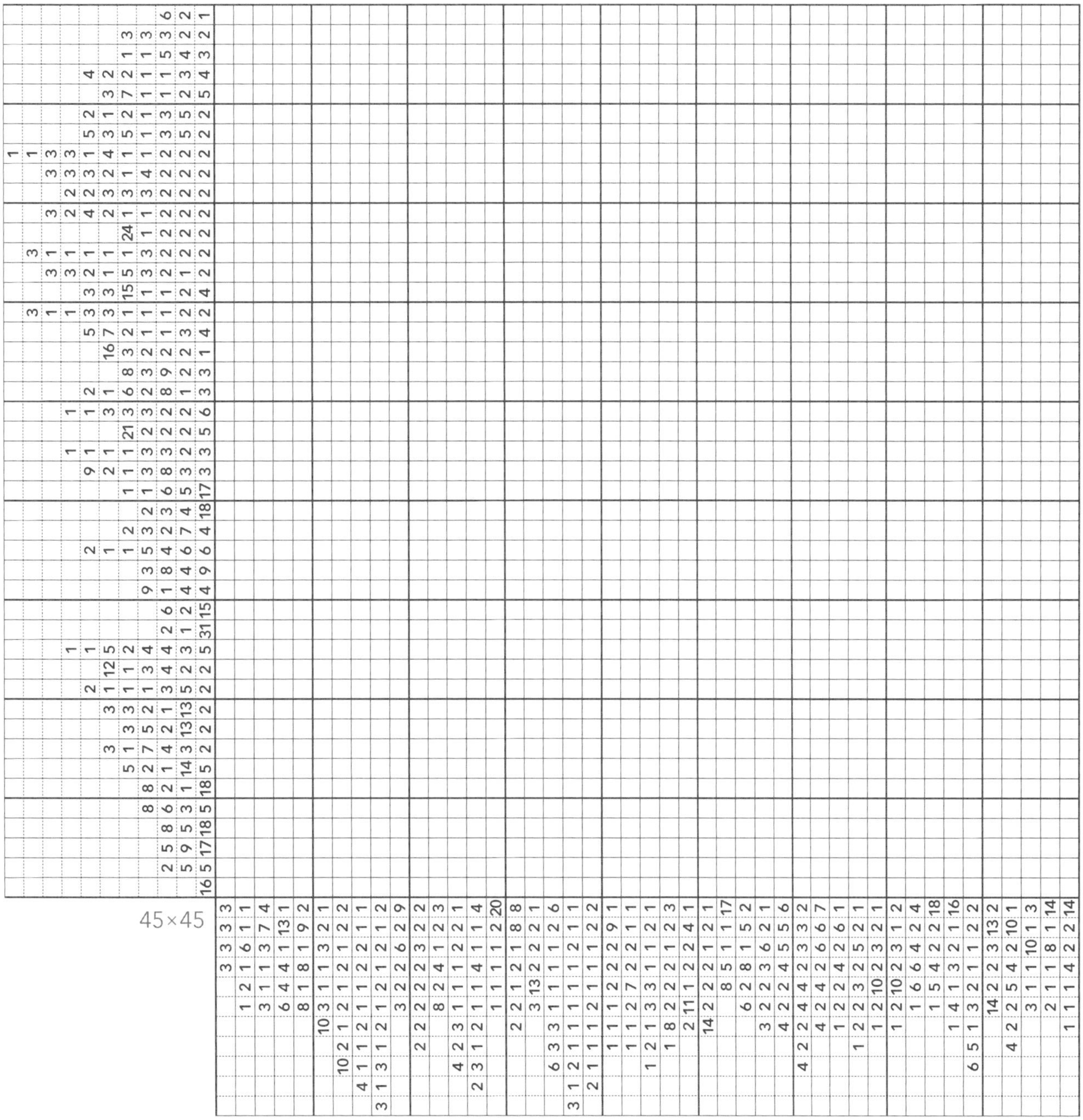

45×45

A22 크게 실수를 했나 봐요

난이도 ★★☆☆☆

45×45

열	힌트
1	10 12 8
2	10 3 4 8
3	4 1 16
4	2 6 2 4 6
5	1 9 8 1 5
6	6 3 7 1 5
7	9 3 8 2 6
8	7 10 2 6
9	6 1 1 8 7
10	5 2 2 6 7
11	5 2 1 1 6 8 8
12	5 3 2 1 7 9
13	4 3 1 6 4 7
14	4 2 2 9 1 7
15	5 2 2 7 2 6
16	5 2 2 7 1 6
17	11 8 1 16
18	4 1 3 6 8
19	2 2 2 8
20	2 3 2 8
21	1 3 3 3 8
22	2 3 11 8
23	2 3 7 8
24	3 2 1 6 2 8
25	1 3 3 7 3 8
26	1 1 3 8 1 8
27	1 3 6 1 2 8
28	4 7 1 8
29	4 9 1 8
30	4 8 5 8
31	2 9 2 3 8
32	3 10 16
33	2 8 2 9
34	6 7 9 7
35	3 4 2 1 3
36	2 1 1 1 1
37	1 1 1 2 1 2
38	1 1 2 2 2 5
39	1 1 3 2 1 4 8
40	1 1 4 1 2 4 1
41	1 2 6 2 1
42	4 4 2 1
43	4 4 4 1
44	8 3 2 3
45	8 17

행	힌트
1	5 9 3 9
2	4 12 4 4
3	3 13 4 7
4	3 14 3 5
5	2 9 4 2 2
6	2 6 3 2 3 8
7	2 5 1 1 2 3 6 2 7
8	2 2 1 4 4 12 3 7
9	2 2 1 3 3 3 8 5 4
10	2 3 1 1 1 1 2 1
11	3 2 1 3 3
12	2 2 2 2
13	2 3 2 5
14	3 2 9
15	2 5 11
16	5 4 12
17	8 7 14
18	2 13 2 14
19	2 13 1 5 8
20	1 13 7 10
21	1 13 3 2 1 4 3
22	1 13 4 1 2
23	1 2 4 2 1 2 2 2
24	1 1 2 2 2 1 1 2 2
25	1 1 2 1 5 1 3 1 2 1
26	1 4 3 1 4 2 1
27	1 2 2 1 2 2
28	2 2 1 2 1 1 1
29	2 6 2 1 2 1 2
30	3 14 2 1 2 1
31	18 1 1 1 1
32	16 1 2 1 1
33	16 1 2 2 1
34	16 1 1 1 1
35	16 1 1 1 1
36	1 1 1 1 1 1
37	1 1 3 1 1
38	3 1 17 1 2
39	3 1 29
40	3 1 18 2 1
41	3 1 18 1 1
42	3 1 18 1 1
43	3 1 19 2 2
44	3 1 21 2
45	3 1 19 2

차를 따라 마셔요

난이도 ★★☆☆☆

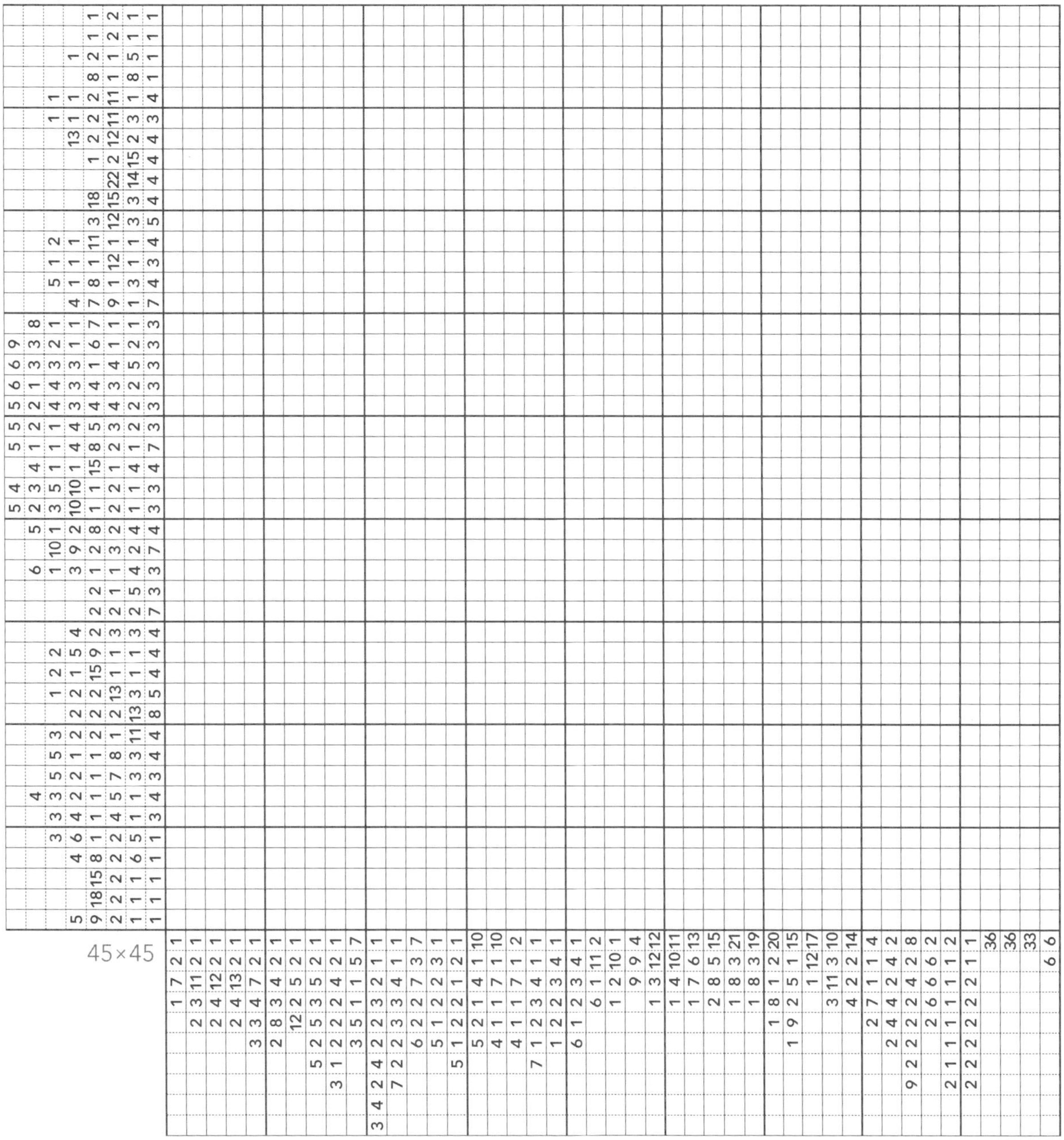

45×45

A24 머리를 예쁘게 해요

난이도 ★★½☆☆

45×45

5 6 29
5 6 29
5 6 29
6 5 28 1
6 5 27 1
6 5 25 2
6 5 24 3
6 6 22 4
6 9 17 5
5 14 13 6
4 2 11 11 7
4 1 9 4 3 6
3 2 2 3 3 3 6
3 1 1 4 4 3 5
3 1 2 1 4 1 3 5
2 2 2 3 4 1 3 5
1 2 2 2 3 2 3 5
2 4 2 3 1 2 2 2
1 1 2 3 3 1 2 2 3 6
2 2 2 3 5 4 6 6
1 1 2 1 9 3 6
1 2 2 4 7 1 4 6
1 2 2 1 5 3 5 2
1 1 4 5 11 2
2 2 2 4 10 2
1 6 2 11 2
2 4 11 1 2
3 4 13 2
2 6 2 2 6 2 2
1 2 2 1 1 2 1 5 2 2
13 1 4 1 1 2 2
8 3 5 1 5 1 2
8 2 3 3 1 2 2 2
6 3 6 3 1 5 2
5 1 2 3 3 1 3 2
5 1 2 1 4 3 1 2 2
6 2 6 3 1 2
6 3 6 3 1 2
6 6 3 1 2
7 3 3 2 3
8 3 3 2 2 1
9 4 4 11 1
14 5 2
12 6 3
8 18

16 4
16 6 7
15 3 3 12
12 3 2 13
10 4 2 14
6 3 7 8
3 2 1 1 3 11
6 1 2 2 3 7
10 2 3 4 1 6
10 4 3 3 5
10 1 1 1 3 4
11 6 1 1 1 3
5 9 1 1 1 3
5 2 2 4 3 1 3
5 1 1 3 1 3 3
4 9 1 1 1 1 2 3 4
5 4 4 1 1 4 11
7 3 2 1 8 9
8 4 9 7
8 4 3 1 3
9 3 7 2 1
9 2 12 2
10 13 1
11 4 8 2
15 8 1 2
13 4 2 13
12 3 3 15
12 4 22
11 12 4
11 2 1 18 3
11 1 7 2 2
11 1 1 10 2 2
11 1 5 7 3 1 1
12 3 6 1 1 3 1 1
10 2 1 5 1 1 1 3 1 1
9 3 8 1 1 1 2 1 1
9 16 2 1 1
8 11 6 1 1
8 1 3 3 1 1
8 4 4 1 1
7 9 4 1 1
6 10 4 2 1
5 11 4 2 2
3 12 22 3
14 27

A25 화살을 맞으면 사랑에 빠져요

난이도 ★★☆☆☆

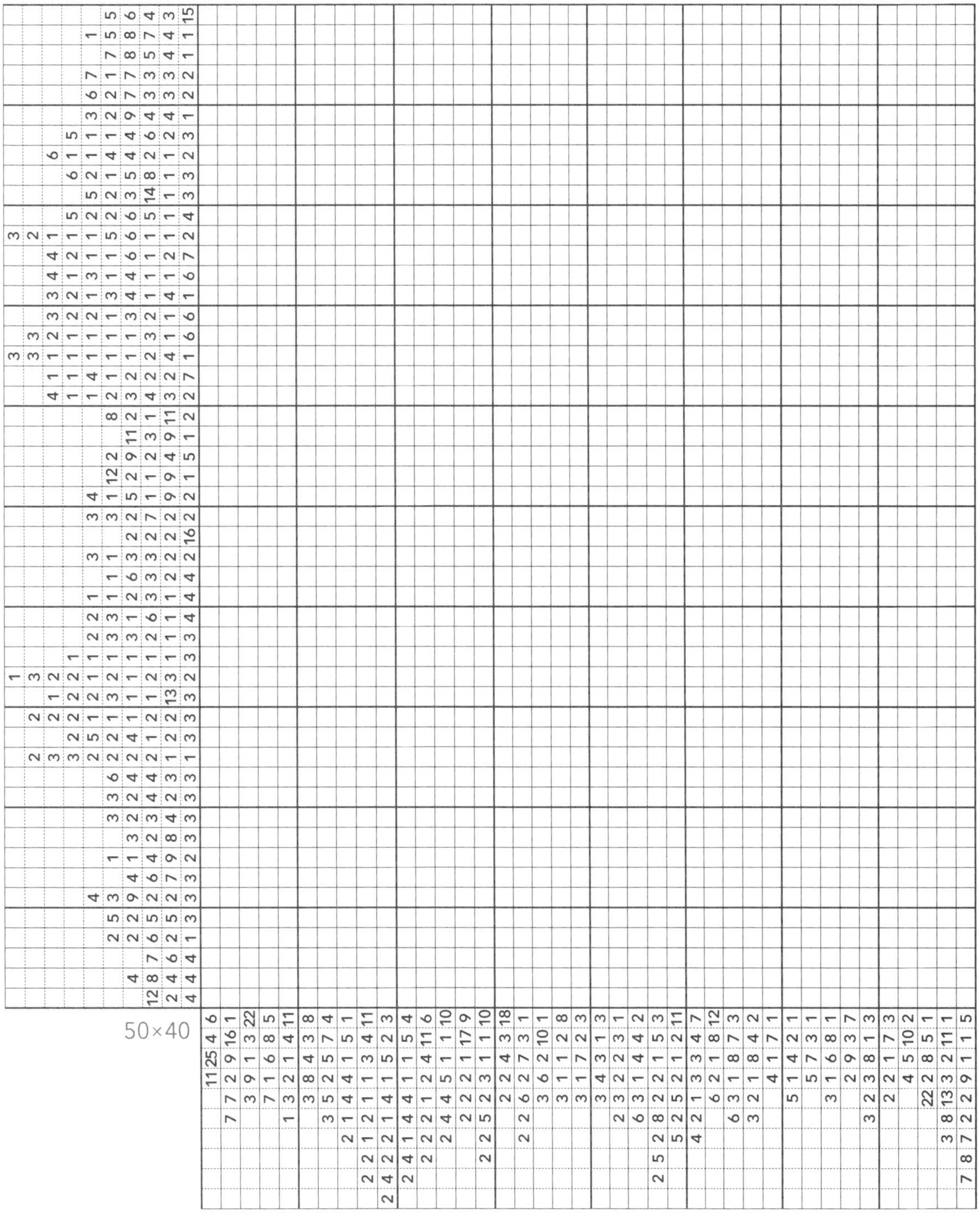

50×40

A26 노래를 부르며 고무줄 위를 뛰어다녀요

난이도 ★★☆☆☆

50×40

Column	Clues
1	38 9
2	24 8
3	1 1 1
4	3 4 1 5
5	3 5 6 1
6	2 6 2 1 4 1 1
7	2 1 2 7 1 1
8	2 1 2 2 1 4 1 1
9	6 6 1 5 8
10	4 4 3 1 3 8
11	10 6 3 1 2 4
12	2 2 1 4 1 1 2 4
13	1 1 1 3 5 2 10
14	1 6 4 6 3 1 1 1
15	4 1 4 9 1 1 1
16	1 3 1 4 9 1 1 1
17	1 1 1 1 1 8 1 1 1
18	1 1 1 1 1 2 11 1 1 1
19	12 2 11 2 1
20	12 2 10 2 1
21	3 10 2 5 4 1 2 2
22	1 14 6 2 2 1 1
23	1 11 2 9 3 8
24	15 1 2 2 1 2 1 1
25	1 9 3 2 2 1 2 3 2
26	2 8 1 1 1 2 1 1 5
27	1 1 4 1 2 3 1 1 1 2 1 5
28	1 7 1 4 2 1 6
29	1 2 2 2 5 4 10
30	2 2 2 1 11 8
31	4 4 5 5 6
32	6 4
33	2 2 1 2
34	3 2 2
35	2 1 2 3
36	3 1 3 3
37	3 2
38	5 3
39	8
40	6

Row	Clues
1	2 4
2	2 1 3
3	2 2 1 3
4	2 2 3 2
5	2 15 2 5
6	2 3 1 10 1 7
7	2 2 1 8 7 5
8	2 2 20 3
9	2 3 1 1 10 1 2 3
10	2 18 3 2
11	2 2 1 16 3
12	2 2 1 8 5 2 3
13	2 18 1 7
14	2 2 1 1 6 3 4
15	2 2 1 2 1 2 3
16	2 1 2 2 3
17	2 5 1 1 4 3
18	2 6 2 1 1 2
19	2 2 1 1 2 1 2 3
20	2 4 1 1 3 2 4
21	2 1 1 1 1 2 1 3
22	2 1 1 1 4 5 6
23	2 1 15 7
24	2 1 1 12 4
25	1 2 2 11 4
26	1 3 8 1 2 3
27	1 4 7 3 2
28	1 1 1 6 4 3
29	1 4 9 2 3
30	1 5 11 3
31	1 4 1 4 6
32	1 2 1 2 1 2
33	1 10 2 2
34	1 2 1 1 2 1
35	1 1 2 4
36	1 2 1
37	1 1 1
38	1 1 1
39	2 2 1 1
40	2 1 1 1 4
41	2 1 1 6 3 1 3
42	13 3 1 3
43	2 1 10 3 4
44	10 1 2 5
45	2 1 2 1 3 4
46	2 1 10 1 7
47	2 1 5 8
48	13 3 4
49	5 5 3
50	4 4

A27 칙칙폭폭 소리가 나요

난이도 ★★☆☆☆

50×40

6
4 1
2 6 1
4 5 1
1 4 2 1
6 3 6 1
9 1 5 1
4 5 2 3 1
2 7 3 3 6 1
9 2 1 1 2 2 5 1
1 6 1 1 1 2 2 2 2
4 2 2 2 1 5 2 6 2
1 1 2 4 1 3 2 3 2
1 1 2 2 2 3 2 3
1 1 11 2 5 5 3
1 14 9 5 3
1 2 1 3 1 2 2 1 3
1 2 1 3 10 11
1 2 2 1 1 1 1 4 4
1 3 1 2 1 1 1 2 3 4
2 2 1 1 2 1 1 13
2 2 1 1 2 1 1 5 1 2
2 1 1 1 2 1 1 4 5 1
1 2 1 1 2 2 3 2 4
1 2 1 1 3 3 2 2 3
1 4 1 2 12 1 1 1 1
1 2 2 2 1 5 1 2 1 1 1
1 1 1 1 1 3 2 1 1
2 1 1 14 5 4 1
2 2 3 1 2 1 3 1
2 3 1 1 4 1 1 2 1 1 1
1 2 1 1 1 2 1 1 1 2 1 2
1 1 1 2 1 2 1 1 3 2 1
2 2 2 1 1 2 1 2 2 3
2 3 1 1 1 2 2 7 3
1 1 1 1 4 1 2 3 2 1
1 1 1 1 1 1 3 1 4
1 2 1 12 1 3 1 5
2 2 14 2 2 2 2
2 1 21 5
2 2 2 19 5
1 1 1 1 1 3 6
1 1 1 2 5 3 2 4 2
1 2 1 1 5 3 2 7
2 2 1 1 2 2 1 5
2 1 1 1 4 6 7
1 1 1 1 4 1 2 8
1 1 1 2 3 1 4 4
2 1 2 1 4 4 1 9
4 1 1 4 2 5 3 2

6 7 9 9
2 4 3 2 3 2 2
1 2 1 1 1
1 1
7 1 1 1
2 2 1 2 1 4 2 2
9 2 3 1 4 7
7 10 3 2
2 4 2 9
2 2
2 2 9
3 5 8 9
2 2 3 7 1 8 2
1 1 6 8 2 6
2 5 1 1 11 3
19 1 4
2 2 7 1 4 4 2 2 2
8 2 3 1 1 1 4 2 2 2
3 2 2 2 1 1 1 4 2 2 2
3 2 1 2 1 6 4 2 2 2
2 3 1 6 1 1 6 4 2
2 1 2 1 1 1 1 1 4
2 1 2 1 1 1 1 1 4
2 5 1 1 2 1 1 4
3 3 1 4 1 1 4 2
2 2 4 2 1 7 6
2 1 2 5 14 7 2
2 11 8 6 2 1 2
3 8 6 10 3 2 2 1
1 2 2 3 5 2 2 3 6
2 2 1 4 2 1 2 1 2 7 1
3 2 1 2 2 1 1 2 1 3 1 2 5 3
2 2 2 2 2 1 5 4 1 2 3 5
3 2 2 2 2 1 2 1 4 2 5 7
4 2 2 1 2 1 2 1 1 4 3 4 5
3 1 2 2 2 1 1 1 5 2 10 2
3 2 2 2 4 2 5 15
1 2 2 8 2 2 5 3 6
1 12 4 4 14
25 4 7 4 4

A28 허리를 뒤로 젖혀서 봉을 지나가는 게임이에요

난이도 ★★☆☆☆

50×40

Column clues (top to bottom)

Column	Clues
1	6 8
2	2 5 2
3	2 1 7 1
4	5 3 5
5	3 3 3
6	3 1 1
7	1 1 1 1 7
8	3 2 1 7 2
9	3 1 1 4 3 2
10	3 1 1 3 5
11	1 1 3 1 2 3
12	3 2 3 1 1 2
13	3 3 4 2 2 1 1 5
14	3 6 3 4 2 3 1 1 3
15	1 1 8 2 4 9 1 3
16	3 2 1 3 3 4 1 3
17	3 1 1 4 2 5 1 3
18	4 2 1 2 2 3 2 1 3
19	6 1 2 1 4 1 3 1 1 3
20	8 1 5 1 1 3 1 1 3
21	3 4 3 1 4 2 2 2 2 3
22	3 6 2 2 2 2 2 3
23	3 5 5 2 5 4
24	3 2 2 4 3 4 4
25	2 7 4 3 5 5
26	11 4 4 7 6
27	6 3 5 5 1 1 7
28	8 2 4 8 3
29	7 11 3
30	6 2 1 3 3
31	5 2 2 1 4 1 1 2
32	5 2 3 5 3 7
33	5 2 5 3 7
34	5 2 2 4 3 7
35	10 3 5 1 6
36	4 11 5 5
37	20 6 4
38	27 6 3
39	32 3 2 3
40	36 3 4

Row clues (left to right)

Row	Clues
1	1 23
2	1 4 3 3 10
3	1 21 3 1
4	1 1 3 7 1
5	4 2 9 1
6	2 2 12 1
7	2 12 2
8	3 11 2
9	2 5 4 2
10	9 1 2 2
11	3 5 2 2 2
12	2 2 2 2 3 3
13	2 3 1 2 3
14	7 2 2 1 1 3
15	3 3 2 1 2 2 3
16	3 2 2 2 4 3
17	2 3 2 2 2 3
18	2 1 3 4 4
19	2 3 2 1 4
20	2 2 2 1 4
21	3 1 3 4
22	2 1 1 1 1 3 4
23	1 3 1 1 2 4
24	2 2 3 2 4
25	2 4 1 5
26	7 2 5
27	10 4 5
28	3 4 1 2 5
29	3 3 1 2 5
30	3 3 1 2 5
31	3 2 2 1 2 6
32	4 6 3 2 6
33	8 2 3 2 6
34	3 2 2 2 2 5
35	4 1 3 1 2 5
36	5 2 3 2 2 4
37	1 13 3 1 2 4
38	1 2 5 1 2 3
39	2 1 3 2 3
40	3 2 8 16
41	4 4 3 2 3 3 5
42	8 18
43	3 3 2
44	2 2 1 3 3
45	3 4 2 4 2
46	4 11 3 5
47	7 5 6 1
48	1 2 15 9
49	5 15 10
50	3 15 10

A29 커다란 차에 손이 달렸어요

난이도 ★★☆☆☆

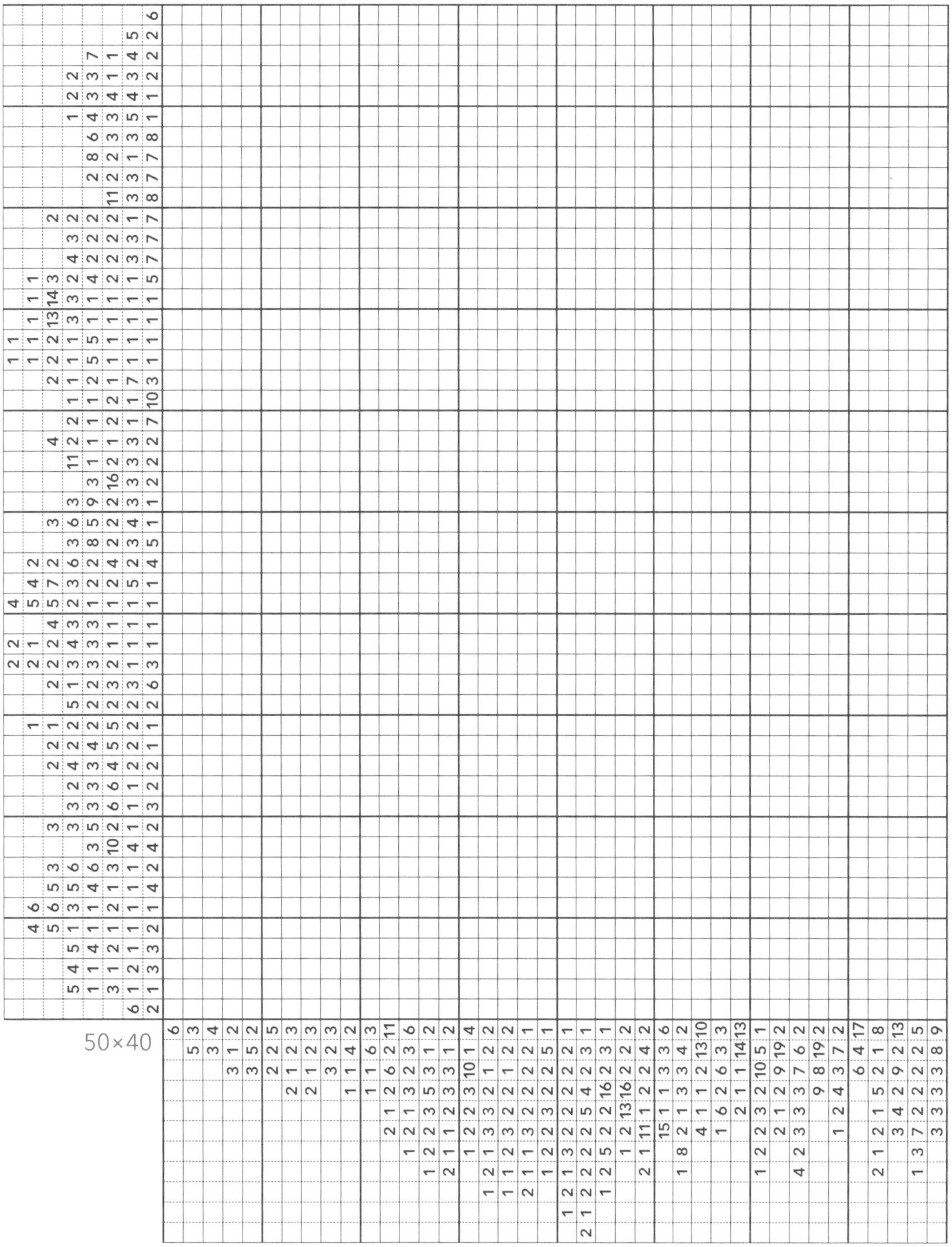

50×40

A30 지구 주위를 돌아요

난이도 ★★☆☆☆

50×40

열	힌트
1	3
2	4
3	2 2
4	2 3
5	2 3
6	2 4 4
7	2 2 3 9
8	2 1 2 14
9	2 2 3 13 5
10	5 1 4 25
11	2 5 2 3 15 10
12	2 3 1 2 15
13	2 3 2 13 14
14	2 4 1 2 1 2 1 7 3 1
15	1 2 2 1 1 2 1 2 9
16	1 1 4 2 1 1 5 8
17	2 2 4 2 1 1 5 2 7
18	4 1 2 2 1 2 2 5 1 6
19	6 1 4 1 1 4 2 1 4
20	4 1 2 2 1 5 1 6
21	2 4 2 2 1 2 6 1 4 1
22	4 5 1 1 1 1 9 1 6
23	5 5 12 4 2 1 1 6
24	7 5 1 2 2 4 3 1 5
25	3 5 4 2 2 2 4 3 3
26	11 6 2 2 3 1 2 1
27	13 5 2 2 3 2 4
28	10 4 3 1 2 2 2 2 1 2
29	19 5 1 1 5 1 1
30	1 19 17 1 1
31	14 3 5 1 1 2 4 2 1
32	9 13 1 2 2 1 5 1
33	20 2 1 1 1 4 1
34	11 4 3 3 2 1 2 1
35	5 8 1 1 3 1 1 3
36	10 3 5 2 2
37	6 5 1 1
38	3 6 2
39	4 1
40	5

행	힌트
1	6 13 4
2	5 3 9 8
3	6 2 17
4	6 3 3 12
5	4 1 2 15
6	4 2 3 11 2
7	2 1 6 13
8	2 2 3 2 12
9	2 5 3 12
10	2 6 2 6 4
11	2 3 2 3 2 7
12	4 2 2 9
13	2 2 5 7 1
14	2 6 2 8
15	2 3 3 3 3
16	2 5 3 6
17	2 3 2 2 6
18	3 2 3 5
19	2 1 5 2 2
20	2 5 3 4
21	2 6 1 1 3
22	2 4 1 2 2
23	3 1 1 2
24	1 1 1 1 3
25	1 1 2 2 2 1
26	2 1 6 9
27	2 1 3 1 2 1
28	2 1 4 1 2 1
29	2 3 2 1 1
30	2 1 5 1 1
31	3 1 4 2 1 3
32	3 6 2 2 3
33	3 2 6 2 1 2
34	3 1 9 3 4
35	3 2 11 3 2
36	4 1 15 1
37	6 8 4 2
38	7 3 3 2 2
39	7 2 3 2 5
40	3 3 1 1 1 7 2
41	7 2 3 2 2 2
42	9 3 3 2 2
43	10 7 2 2
44	2 8 1 2 5
45	7 9 1 6 2
46	12 5 8 1
47	19 1 2 1
48	20 1 2 3
49	8 6 4 2 4
50	3 17 9

A31 높이 쌓아서 뛰어넘어요

난이도 ★★☆☆☆

40×50

Column	Clues (top to bottom)
1	5 4 4 3 3 3 6
2	10 1 3 7 3 5
3	2 7 2 2 7 3 5
4	8 2 1 3 7 10
5	6 2 5 3 14 1
6	4 3 1 1 2 1 8 1 1
7	2 4 2 1 1 1 5 1 1 1
8	3 4 1 5 3 1 1 1 1
9	11 7 2 1 1 1 1
10	5 1 2 4 1 1 1 1 1 1
11	5 2 4 1 5 1 1 1 1
12	4 2 2 1 4 1 1 2 2 2
13	3 2 1 4 2 1 3 3 3
14	4 1 2 4 3 1 1 3 3 3
15	4 1 1 3 6 1 1 3 3 3
16	4 2 1 1 6 1 1 3 3 3
17	5 2 1 1 5 1 1 3 3 3
18	5 1 1 2 5 1 1 2 3 3
19	6 4 5 1 1 1 2 3
20	7 4 8 1 1 1 1 2
21	5 2 1 4 3 1 1 1 1
22	8 1 4 1 1 1 1 1
23	6 1 1 1 1 1 1
24	1 4 3 3 1 1 1 1
25	3 4 13 7 1 1 1
26	1 2 5 4 1 1 1 7 1 1
27	5 5 5 2 1 1 2 6 1
28	6 2 3 6 3 2 1 1 4 1
29	6 9 3 1 2 2 3
30	2 4 8 1 2 1 1 1
31	8 1 3 1 1 2 2
32	8 1 1 2 1 1 2 2
33	5 3 1 2 3 2 2 2
34	8 2 1 3 1 2 3
35	10 6 3 1 3
36	8 1 4 1 3 2 4
37	11 2 2 6 5
38	2 8 1 4 2 4 3 3
39	6 5 1 7 2 6 4 3
40	8 2 8 6 7 3

Row	Clues (left to right)
1	3 2 12 10 5
2	7 14 1 14
3	2 3 14 5 7 2
4	6 5 10 15
5	5 4 7 14
6	5 2 2 2 5 7
7	4 4 4 1 5 9 1
8	4 1 2 2 8 10
9	3 3 1 9 3 4
10	3 6 3 2 4 5
11	1 7 3 2 4
12	4 7 2 2 2
13	2 2 2 1 1
14	2 4 1 2 4
15	1 1 1 6 2 1
16	3 1 1 1 1 2 3 2
17	1 2 4 1 1 1 3 2 2
18	1 4 1 3 6 4 2 2
19	2 1 12 10 1 3
20	1 1 1 1 6 8 3 3
21	2 1 2 9 7 6
22	7 10 6 3
23	2 1 6 1 1
24	1 1 2 1
25	3 2 1 3
26	3 1 1 3
27	2 1 10 5
28	6 3 1 6 2
29	4 5 1
30	2 2 5
31	1 1 3 1
32	22 2
33	7 1 6
34	7 2 8
35	6 1 3 2 1
36	5 5 1 3 4
37	6 7 4 4
38	27 5
39	6 1 3 2
40	2 2 3 2
41	5 1 3 2
42	5 6 1 3 1
43	5 8 3 2
44	24 3
45	5 2 4
46	5 1 5
47	4 1 4
48	4 7 2 8
49	4 9 1 10
50	1 29 3

A32 따뜻한 물에 발을 담가요

난이도 ★★☆☆☆

40×50

Column	Clues
1	1 5 2 1 1 2 11
2	1 6 2 1 1 2 2 9
3	1 6 2 1 1 2 1 1 6
4	1 2 1 2 1 1 2 2 1 3
5	1 3 1 2 1 1 2 1 3 2
6	1 3 1 2 1 1 2 1 3 1
7	1 2 1 2 1 1 2 2 5 1
8	1 1 2 1 1 4 1 2 1 1
9	1 1 2 1 1 4 1 1 1 1
10	1 1 2 1 4 3 1 1 1
11	1 2 2 1 4 2 8 1
12	1 1 1 1 5 5 1 1 1
13	1 2 7 2 1 1 1 1
14	6 2 8 2 1 2 1 1
15	5 10 1 11 1
16	7 1 4 1 1 1
17	7 1 2 2 1 1 1
18	3 7 3 1 1 1 1
19	2 5 7 2 1 1 1 1
20	8 2 2 2 1 1 3 1
21	12 2 1 2 1 4 1 1
22	6 1 2 2 5 1 2 1 2 1
23	5 2 4 2 1 4 3 2
24	4 4 2 7 1 6 1 3
25	4 3 4 2 2 2 2 6
26	5 1 2 1 1 7 1
27	6 1 1 1 5 1 2 4 1
28	6 2 2 1 3 2 1 3 1 4
29	6 2 1 1 3 1 1 3 1 7
30	6 1 4 1 1 3 10
31	7 2 1 1 4 10
32	9 1 2 1 2 2 1 2
33	10 2 7 1 1 2 1 2
34	8 2 2 11 2 10
35	13 2 1 3 10
36	10 2 1 1 3 1 7
37	8 3 1 3 2 4
38	4 1 14 4 1
39	2 3 2 8 1
40	9 16

Row	Clues
1	2 15
2	2 19
3	2 19
4	2 18
5	2 6 13
6	14 5 12
7	4 8
8	5 6 4 7
9	7 3 2 2 2 3
10	3 3 1 1 1 2
11	3 1 2 2
12	3 2 1 2 2
13	11 2 4 4
14	3 2 4 2
15	2 9 1
16	11 2 2 2 1 5
17	12 1 2 1 2 2 2
18	2 2 2 1 2 1
19	20 1 2 1 1
20	7 1 1 1 1
21	8 1 2 1 1
22	19 1 1 1 1
23	10 1 1 1 2
24	12 2 1 9
25	16 2 1 1 3
26	2 1 4 1 1
27	9 1 1 1
28	8 1 1 1
29	12 1 1
30	2 4 4 1 1
31	2 2 6 1
32	1 2 1 1
33	1 1 1 1
34	1 1 3 2
35	7 2 2 4
36	2 1 15 4 1
37	4 1 2 12 1
38	4 2 2 3 9 1
39	3 15 2
40	2 1 1 1 4 4
41	1 5 1 1 15
42	2 4 1 1 3 3 2 2 3
43	7 1 1 1 5 2 2 3
44	2 3 1 1 1 2 1 3 3 2
45	3 16 2 3 3 2
46	3 2 3 3 2
47	3 1 4 4 1
48	4 2 4 4 1
49	5 3 10 1
50	40

B33 한쪽 눈을 숟가락으로 가려요

난이도 ★★★☆☆

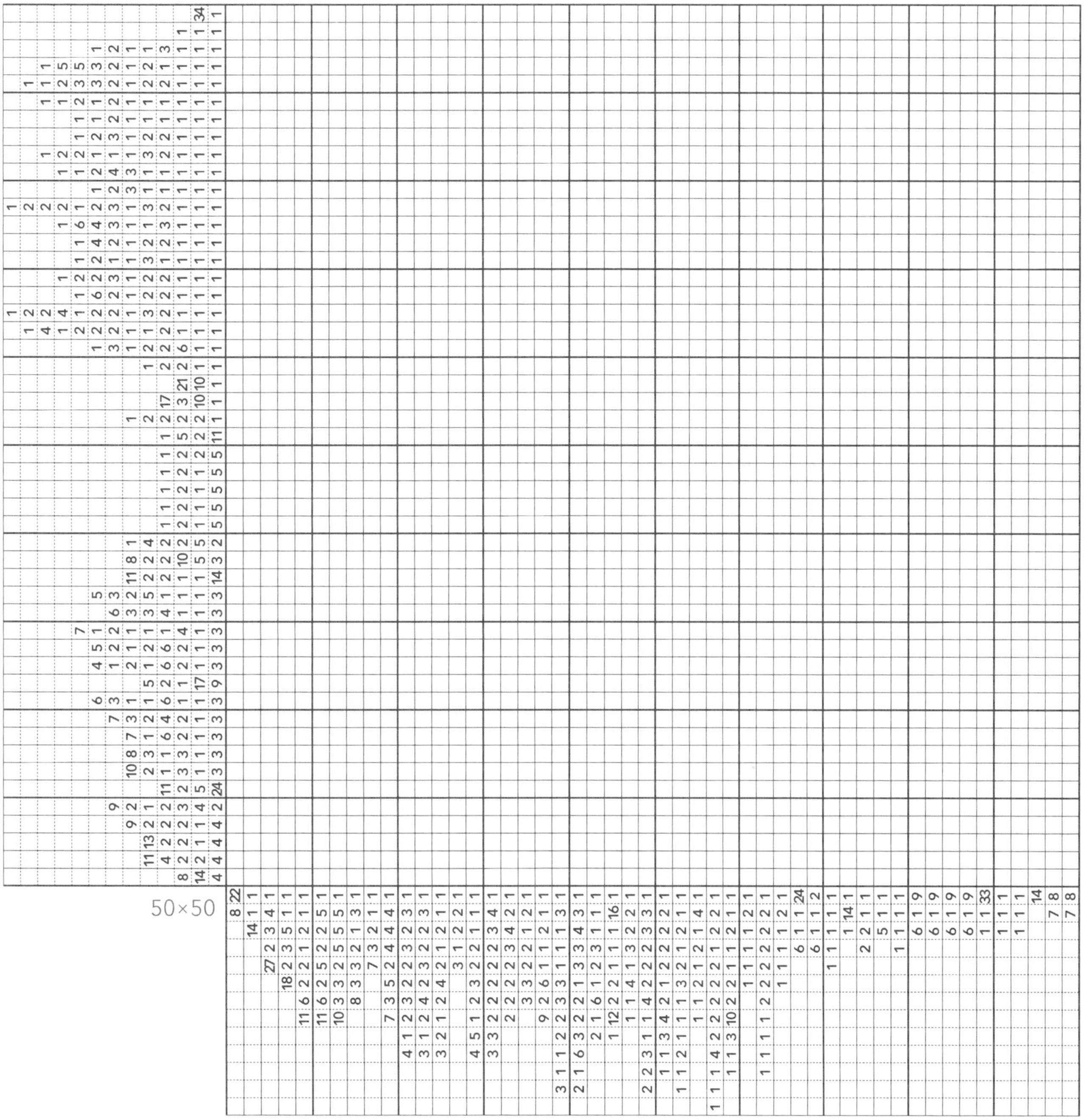

50×50

B 34 모를 논으로 옮겨 심어요

난이도 ★★★☆☆

50×50

열	세로 힌트
1	10 3 3 9
2	3 5 5 5 3 8
3	2 2 1 1 3 3 1 2 7
4	4 1 9 1 2 1 1 3 6
5	2 2 12 4 1 5 5
6	3 1 4 5 4 3 1 4
7	3 1 1 1 3 1 3 1 1 2 4
8	2 1 2 1 2 1 2 1 3
9	9 2 6 1 4 3 2
10	8 1 3 4 6 2 2
11	8 2 1 4 2 3 4 1
12	8 7 2 3 2 2 6
13	9 6 4 1 2 1 1 1
14	9 5 3 3 2 1 1 1 2
15	8 5 3 1 2 1 2
16	9 5 2 4 2 1 3 2 1
17	14 2 3 5 2 5 4
18	13 2 4 7 3 2 4
19	12 2 2 1 6 1 1 2 3
20	8 1 1 2 7 1 1 2 2 1 1
21	3 7 2 3 5 2 1
22	2 8 2 2 3 4 1
23	1 10 2 5 5 1
24	1 9 1 2 3 2
25	1 7 2 2 6 1 1 1 1
26	2 7 1 2 6 3
27	2 7 3 4 2 5 2
28	3 6 4 1 2 3 3
29	2 4 3 5 1 4 1 4
30	2 2 3 3 1 4 1 2
31	2 1 3 2 2 1 1 2 4
32	2 3 1 3 1 3 2 2
33	7 3 3 10 2 2 4
34	9 1 6 2 7 2 3 3
35	11 2 5 3 11 4 1
36	14 4 1 9 2 1 1 1
37	14 4 1 10 3 1 2
38	13 3 1 4 2 5 1
39	13 2 2 3 2 1 1 3
40	13 2 6 1 1 2 1
41	13 4 7 2 1 2 4
42	14 12 1 2 5
43	15 14 3 2 4
44	32 1 5
45	33 2 5
46	35 2 7
47	12 3 3 2 1 4 10
48	4 3 3 2 2 13
49	4 7 2 7
50	16 5

행	가로 힌트
1	4 13 15
2	5 3 10 4 15
3	2 18 3 15
4	1 1 2 12 2 15
5	1 1 12 17
6	1 12 16
7	2 12 15
8	3 12 14
9	5 11 14
10	2 10 3 7 14
11	1 4 9 15
12	2 15 15
13	3 5 9 11 3
14	14 9 3 6 2
15	3 2 6 8 3 6 1
16	2 4 7 4 7
17	2 3 6 2 2 5 3 3
18	2 2 2 3 1 2 6 5 2
19	3 2 2 2 5 1 4 10
20	9 2 2 2 2 4 10
21	3 2 2 2 3 1 3 5 3
22	2 2 1 2 2 3 3 5 2
23	1 2 1 2 3 3 1 3 6 1
24	2 2 1 3 2 1 2 9 1
25	4 2 2 3 1 1 1 2 10 1
26	2 4 1 4 2 12 1
27	2 4 2 3 1 2 7 2
28	1 1 2 7 2 2 10 2
29	1 4 2 1 4 2 2 3 14
30	7 1 1 5 1 2 7 5
31	4 1 6 1 3 8 4
32	4 2 2 1 1 13 3
33	2 3 3 1 2 6 2
34	3 1 4 3 2 2 5 1
35	5 4 1 5 2
36	2 7 5 9 1
37	3 4 4 8 5 2 1
38	2 5 1 2 2 1 2
39	1 3 7 2 8 1 1
40	5 2 4 1 2 2 2 1
41	7 2 2 4 1 2 6 4
42	1 2 1 4 1 6 5 4 6
43	2 3 4 3 2 2 3 2 3
44	3 1 7 2 2 1 7 3 5
45	4 2 4 1 6 2 2 6
46	5 3 3 5 1 1 7
47	7 6 2 1 1 14
48	8 3 3 7 1 8
49	10 2 2 1 1 1 3 1 7
50	11 4 4 2 1 2 3

B35 높이 뛰어서 봉을 넘어요

난이도 ★★★☆☆

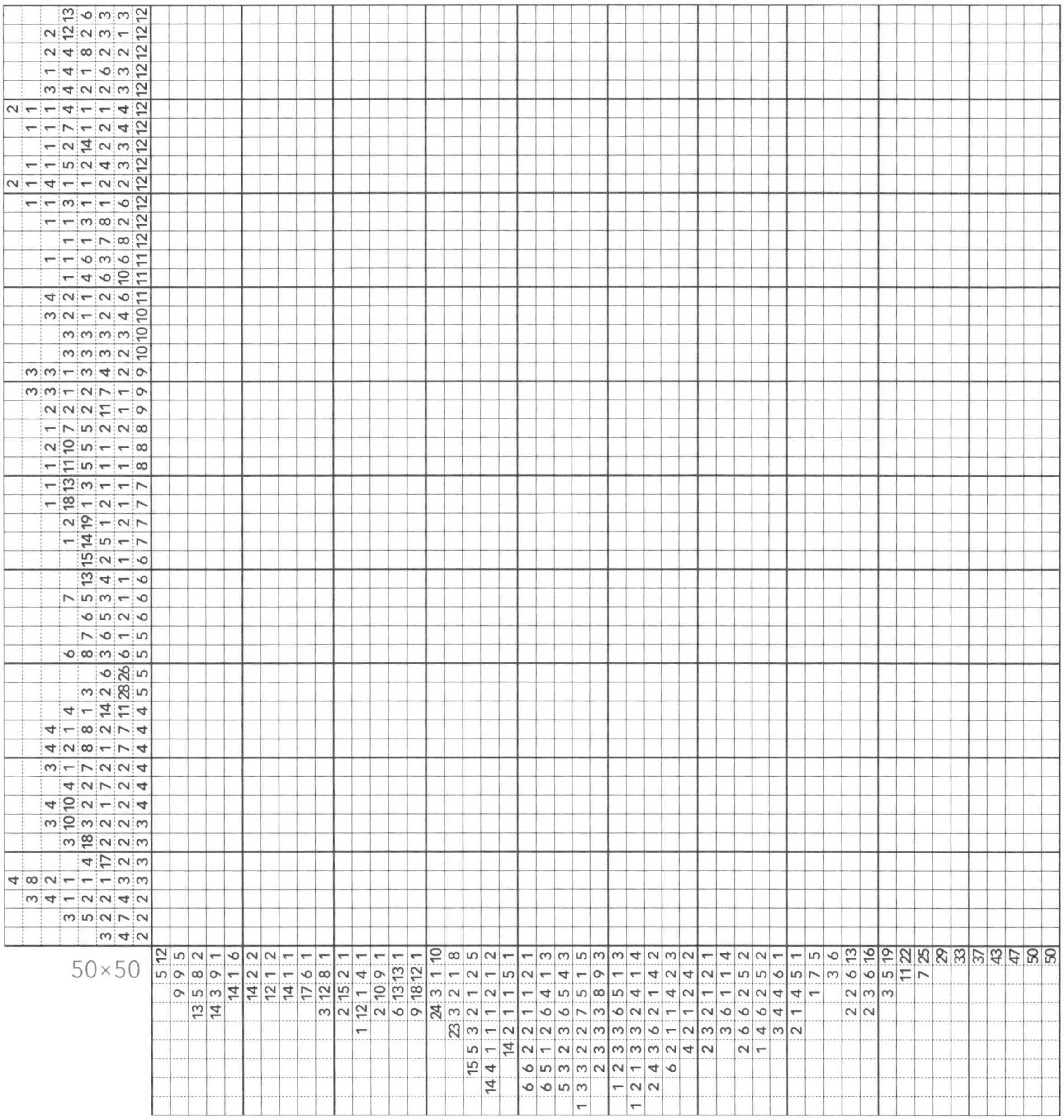

B36 거짓말을 하면 코가 길어져요

난이도 ★★★☆☆

50×50

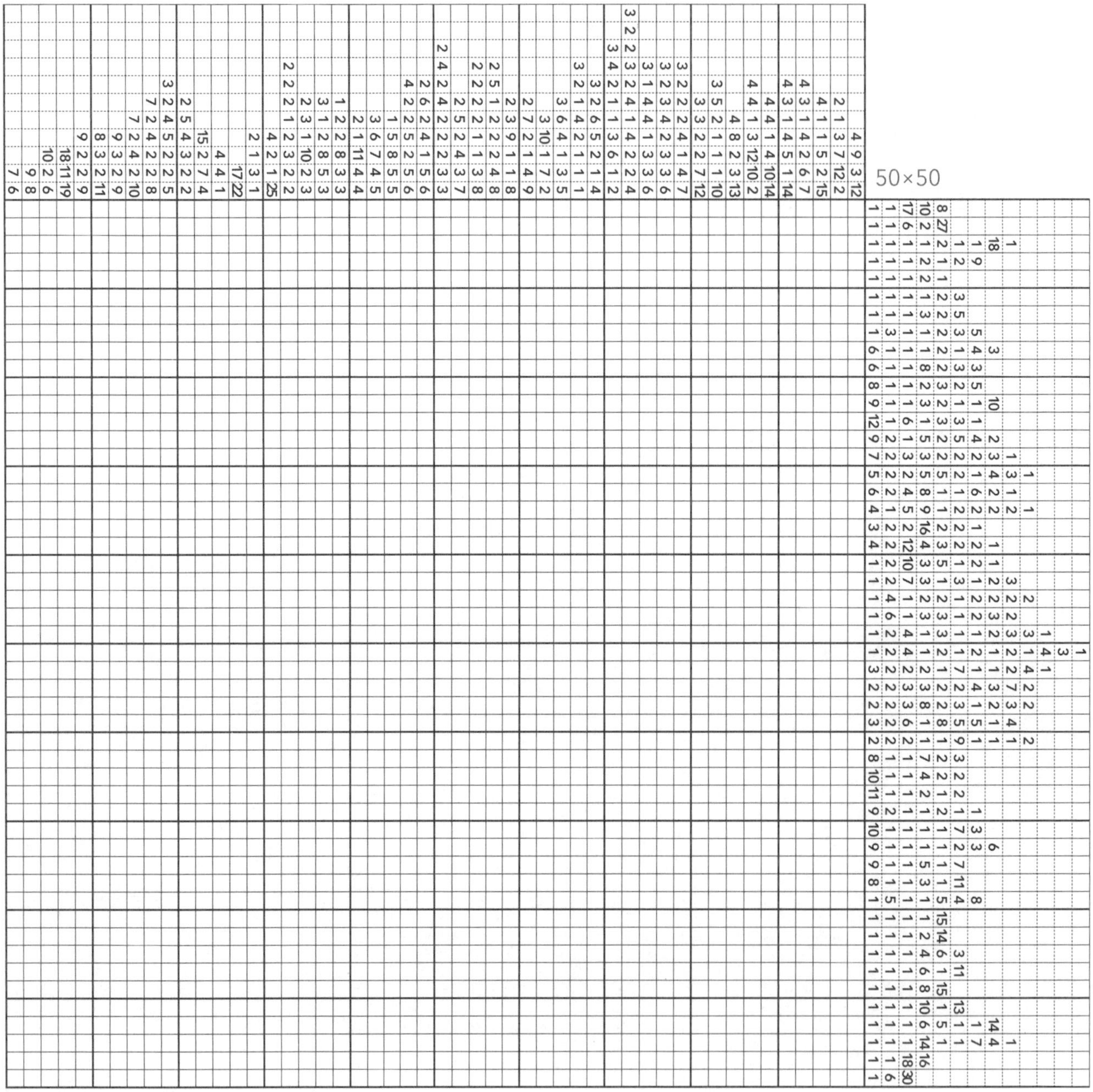

B37 따뜻한 물에 몸을 담가요

난이도 ★★★☆☆

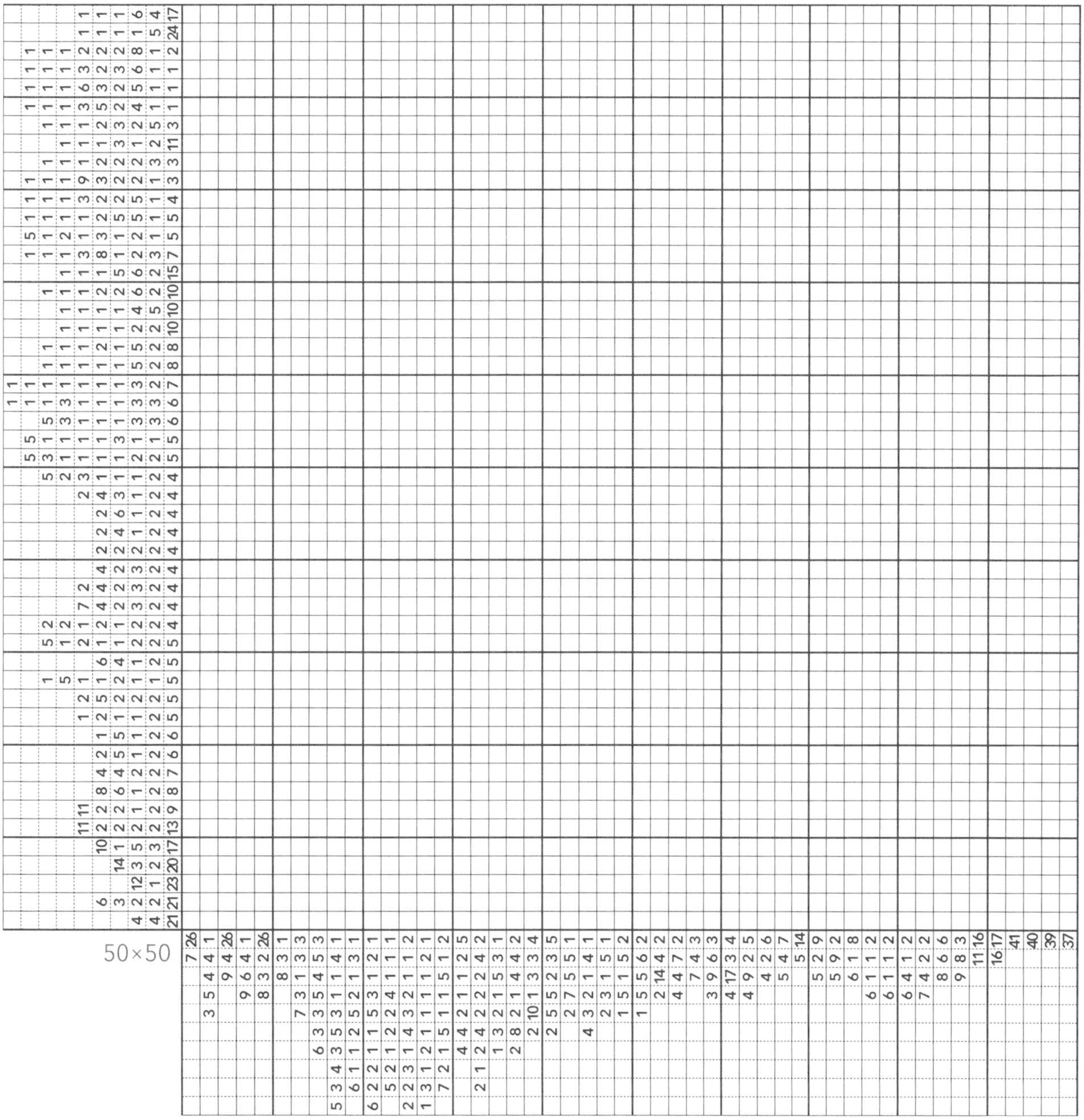

50×50

B38 아무리 뛰어도 제자리에요

난이도 ★★★☆☆

50×50

Column	Clues (top to bottom)
1	13
2	10 8
3	10 9
4	10 8
5	7 8
6	20 6
7	26 3
8	3 7 2
9	23 2
10	2 17 2
11	11 1 13
12	2 4 1 10
13	10 2 1 9
14	2 2 2 1 12
15	13 10 9
16	2 2 4 3 3 2
17	2 2 1 3
18	13 6
19	2 6 4 4
20	1 4 2 2 5
21	10 3 11
22	2 2 2 2 7
23	1 1 6 2 1 2 7
24	2 2 1 1 7 2 8
25	10 4 2 1 9 8
26	1 2 1 2 3 1 2 2 8
27	1 2 2 4 1 2 1 8
28	1 12 6 1 8
29	10 3 3 1 9 8
30	1 2 3 1 8
31	1 2 5 2 8
32	2 2 2 1 2 2 9
33	11 2 1 2 1 1 7
34	1 2 1 1 3 2 6
35	1 2 2 1 2 2 6
36	10 2 1 2 1 7
37	2 2 2 1 2 1 7
38	1 2 1 1 2 1 7
39	10 2 1 4 7
40	1 2 2 1 2 8
41	2 2 2 1 2 7
42	12 1 9
43	1 3 1 8
44	10 1 8
45	2 2 1 8
46	10 1 7
47	2 2 1 7
48	11 1 8
49	4 17
50	19

Row	Clues (left to right)
1	3
2	3 3
3	3 3 10
4	3 3 5 1 6
5	4 4 1 1 1 4
6	4 3 1 1 1 1 1 3
7	5 3 1 1 1 1 1 1 2
8	2 2 2 1 1 1 1 1 1 1 3
9	2 2 2 1 1 1 1 1 1 1 1 2
10	3 2 3 1 1 1 1 1 1 1 1 3
11	2 2 2 1 1 1 10 1 1 1 1 2
12	2 2 3 1 1 16 1 1 1 3
13	2 2 1 1 1 1 3 1 7 1 1 1 1
14	2 2 2 1 1 3 4 1 6 1 1 2
15	2 2 3 1 1 4 2 1 2 3 1 1 2
16	2 2 1 1 1 11 2 3 1 2
17	2 4 1 4 2 1 1 1 1 5 3
18	2 4 1 3 4 1 2 3 2 1 1
19	2 4 3 1 2 1 2 2 3 1
20	1 2 1 2 2 2 2 2 2 1
21	1 1 1 2 1 2 1 3 1 1
22	1 1 5 1 2 2 3
23	2 1 2 4 2 1 2 2
24	2 1 2 2 4 1 3 2
25	2 1 2 1 2 3 2 2
26	2 1 2 1 2 2 2 2
27	3 1 2 1 1 4 2
28	2 10 5 21
29	2 4 3 2 4 2
30	2 4 2 2 3 2 2
31	1 5 1 3 1 2 2
32	2 5 2 2 1 2 2
33	2 5 1 1 1 3 3
34	2 7 2 1 6 3
35	2 6 3 1 2 3 4
36	2 7 2 3 3 4
37	2 8 2 4 3 5
38	2 7 4 1 9
39	2 6 1 3 4 7
40	2 5 1 1 1 2 9
41	2 5 2 2 2 3 10
42	2 6 1 12 11
43	3 3 32
44	4 31
45	3 28
46	25
47	21
48	15
49	8
50	0

B39 비행기를 타러 가나 봐요

난이도 ★★★☆☆

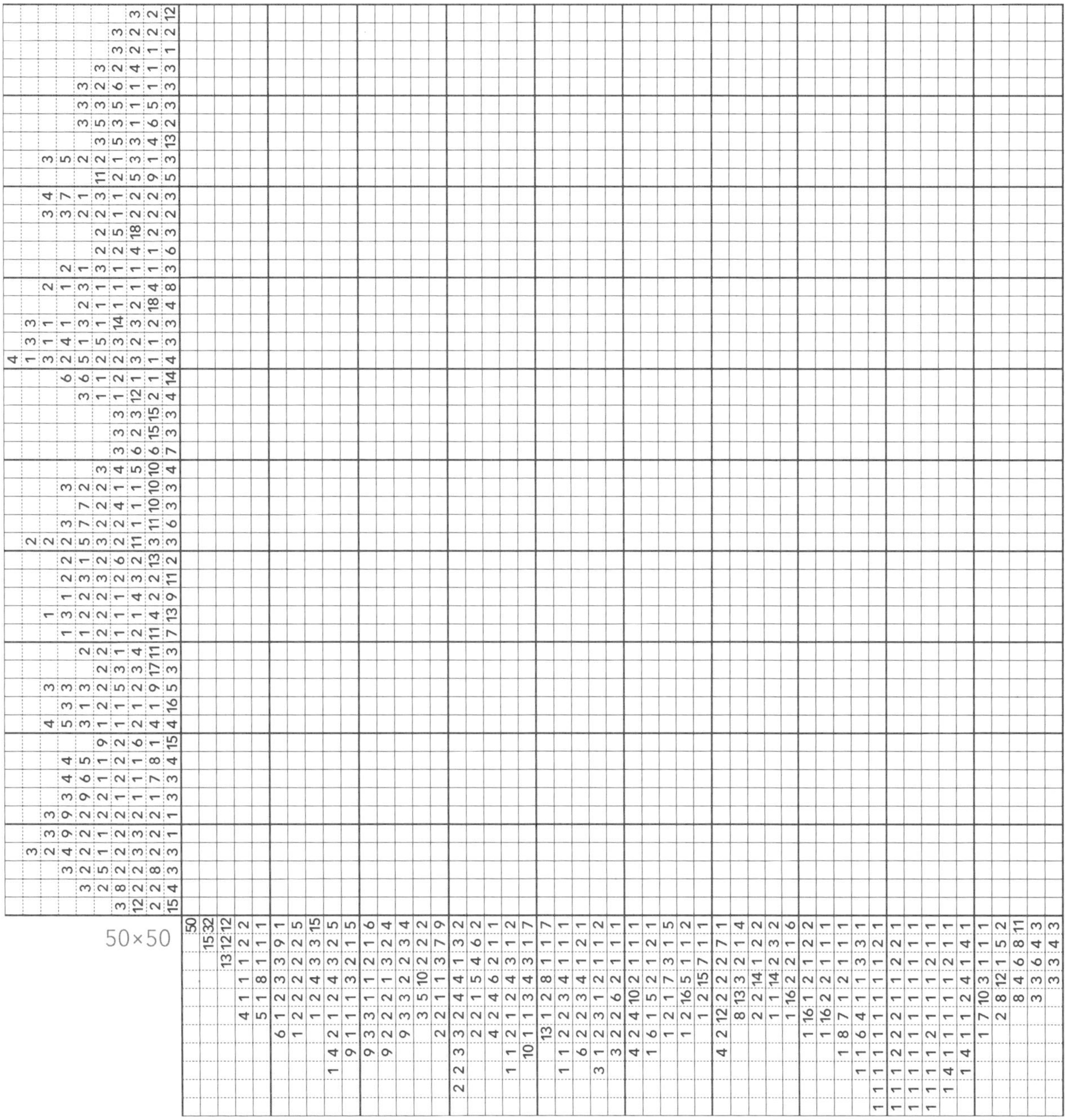

50×50

B40 페달을 밟으면 앞으로 슝슝 나가요

난이도 ★★★☆☆

50×50

열	힌트
1	9 7 7
2	12 9 11
3	5 1 4 20
4	3 1 1 3 4 1 1 3
5	4 1 2 3 4 1 2 2
6	3 1 1 5 5 4 1 1 3
7	4 1 1 2 11 7 3 2 2 4
8	2 13 2 7 1 4 4 6
9	2 3 7 3 5 8 3
10	2 4 16 2 3 4 3
11	4 4 7 5 1 3 4 3 3
12	2 1 4 2 4 2 4 1 2 6
13	3 1 1 3 1 7 1 2 2 3 2
14	3 1 1 4 2 1 6 3 1 2 1 3
15	4 1 1 11 1 4 2 2 1 1 3
16	5 1 4 2 3 4 4 2 2 3
17	12 3 2 4 4 1 1 4
18	10 4 2 5 2 9
19	6 3 2 2 1 4 1 8
20	3 3 3 5 7
21	10 2 5 4 3
22	8 10 2 1
23	5 1 10 1
24	3 3 5 2
25	1 2 3
26	1 12 3
27	1 4 1 5 3
28	2 8 2 3
29	1 2 4
30	1 2 5
31	1 2 13
32	1 4 2 1 5
33	1 7 1 10
34	1 6 4 1 5
35	2 6 2 2 1
36	1 4 3 4 1
37	1 3 3 5 4
38	2 2 1 4
39	2 2 6
40	3 2 2
41	3 1 2 2 2
42	10 1 1
43	9 1 1 2
44	2 6 2 3
45	1 3 1
46	1 9
47	1 1
48	2 2
49	2 2
50	7

행	힌트
1	11
2	14
3	6 1 5
4	4 2 1 4
5	3 1 1 3
6	5 1 1 6
7	2 8 3
8	2 4 3
9	2 5 3 3
10	5 1 2 6
11	2 2 1 1 3 2 1
12	3 3 1 2 3 9 3
13	4 1 1 2 1 4 4 1 5 4
14	5 1 2 5 3 1 2 3
15	6 3 3 4 1 2 3
16	11 4 1 5 2 3
17	1 1 3 2 5 1 8 2 7
18	1 5 5 2 1 2 6 1 3 2
19	1 5 5 2 1 1 6 6 1
20	1 2 2 2 3 1 1 1 4 2 1 2 1
21	1 2 2 1 3 1 1 3 2 7 1
22	1 2 2 3 2 1 1 2 1 2 2 1
23	2 3 1 1 2 1 1 1 2 1 1 1 1 1
24	1 5 2 2 1 3 1 2 1 2 1 1
25	1 12 1 2 1 4 1 1 1 1
26	1 7 2 1 5 1 7 1 1 1 1
27	1 3 5 6 3 1 8 2 1 1
28	1 3 1 4 3 1 2 1 1 4 6 2
29	1 3 2 10 2 1 1 2 3
30	2 2 7 3 2 2 1 1
31	2 2 2 4 3 4 1 1
32	1 1 2 4 3 5 1
33	1 3 7 9 1
34	1 6 15 1
35	1 11 9 4 1
36	1 8 5 2 3 4 1
37	6 1 4 2 3 1
38	5 2 1 3 4 2 1
39	6 1 1 3 4 1 3
40	4 3 3 6 1
41	3 4 3 3 2
42	10 3 3
43	3 7 5
44	3 2 3 4 3
45	5 2 2 3
46	3 1 1 4
47	3 2 1 5
48	16
49	13
50	7

B41 송곳니가 뾰족해요

난이도 ★★★☆☆

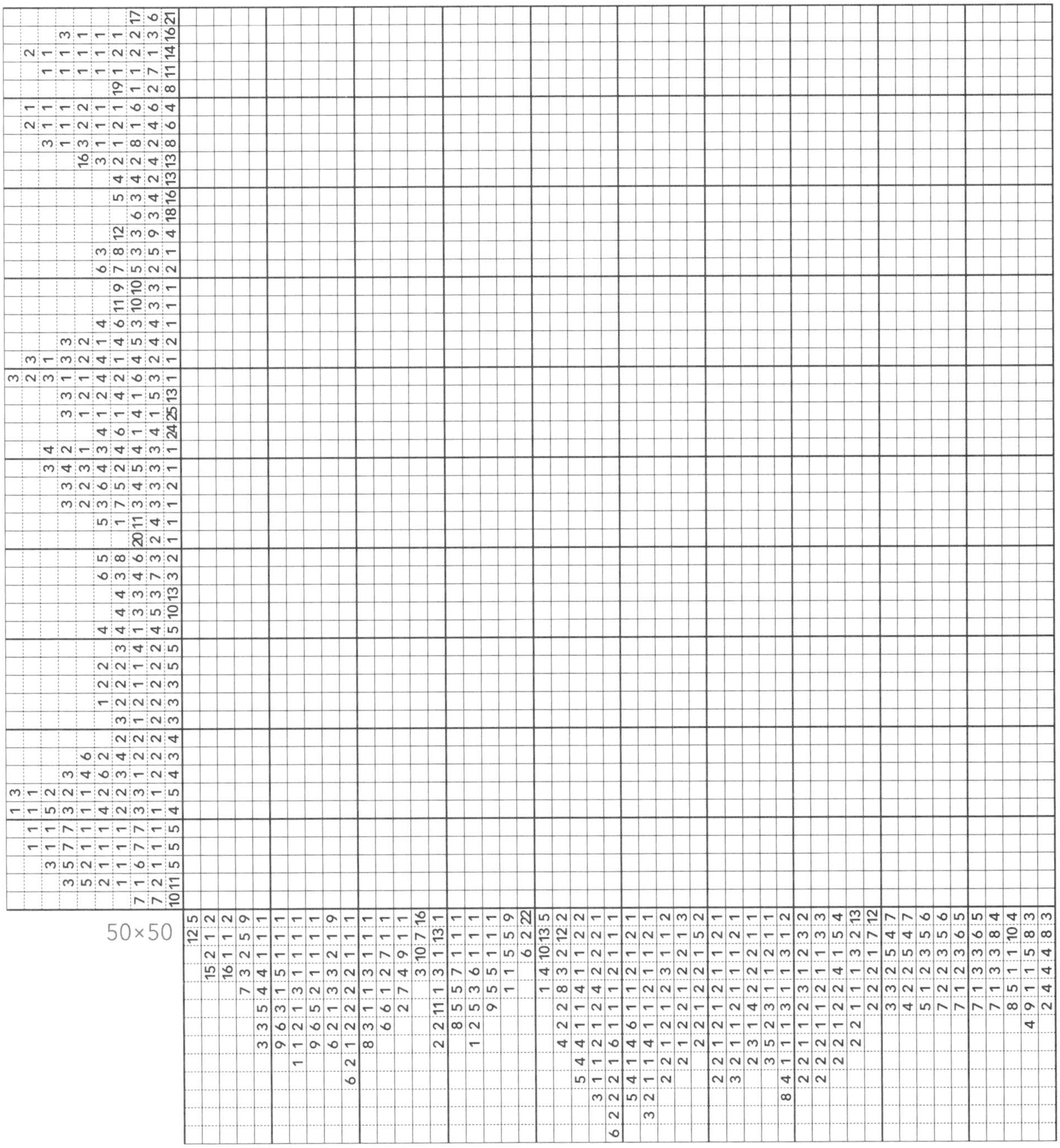

50×50

B42 작은 돌 다섯 개를 높이 던지고 잡아요

난이도 ★★★☆☆

55×55

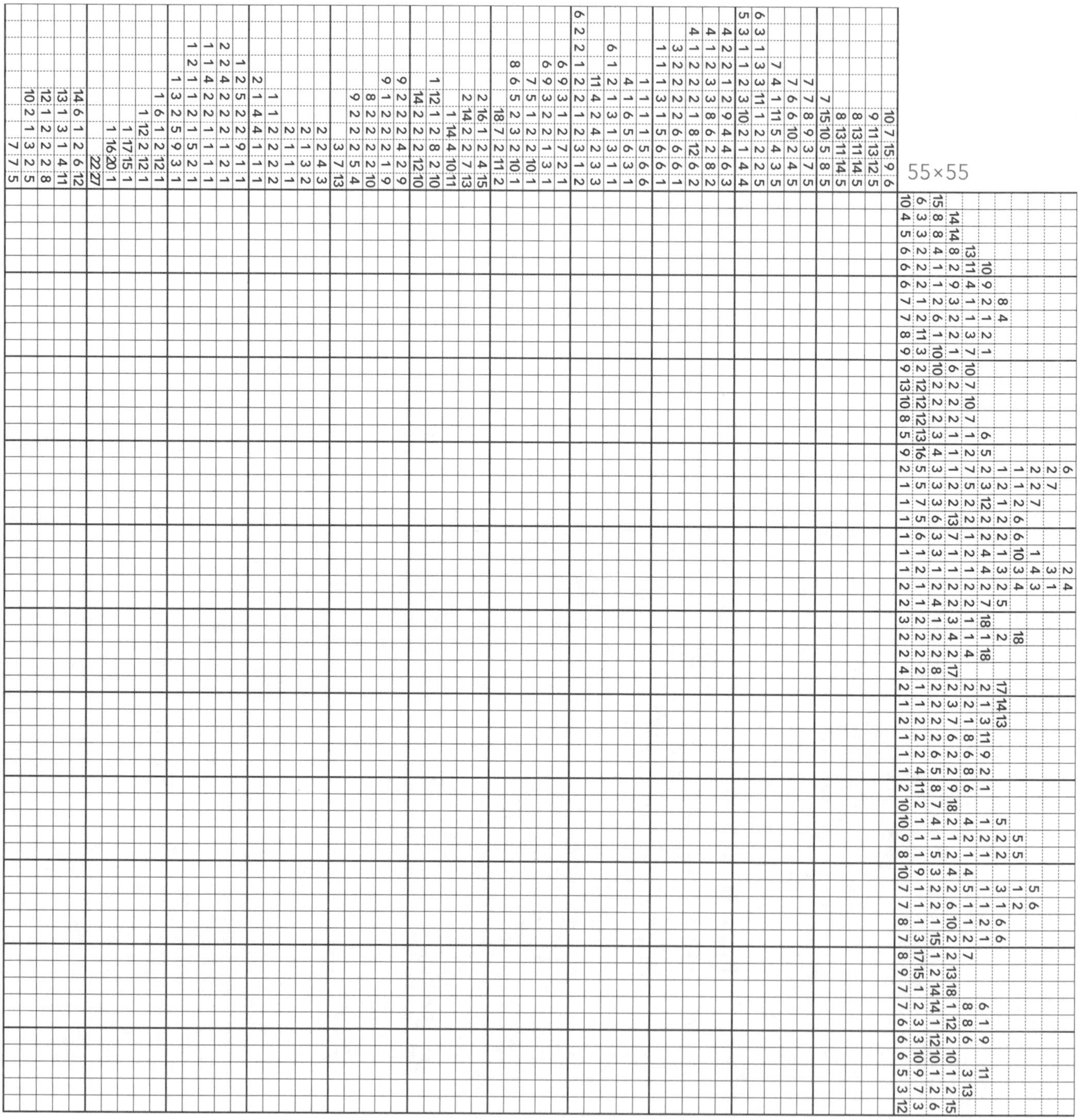

B43 구겨진 옷을 펴요

난이도 ★★★☆☆

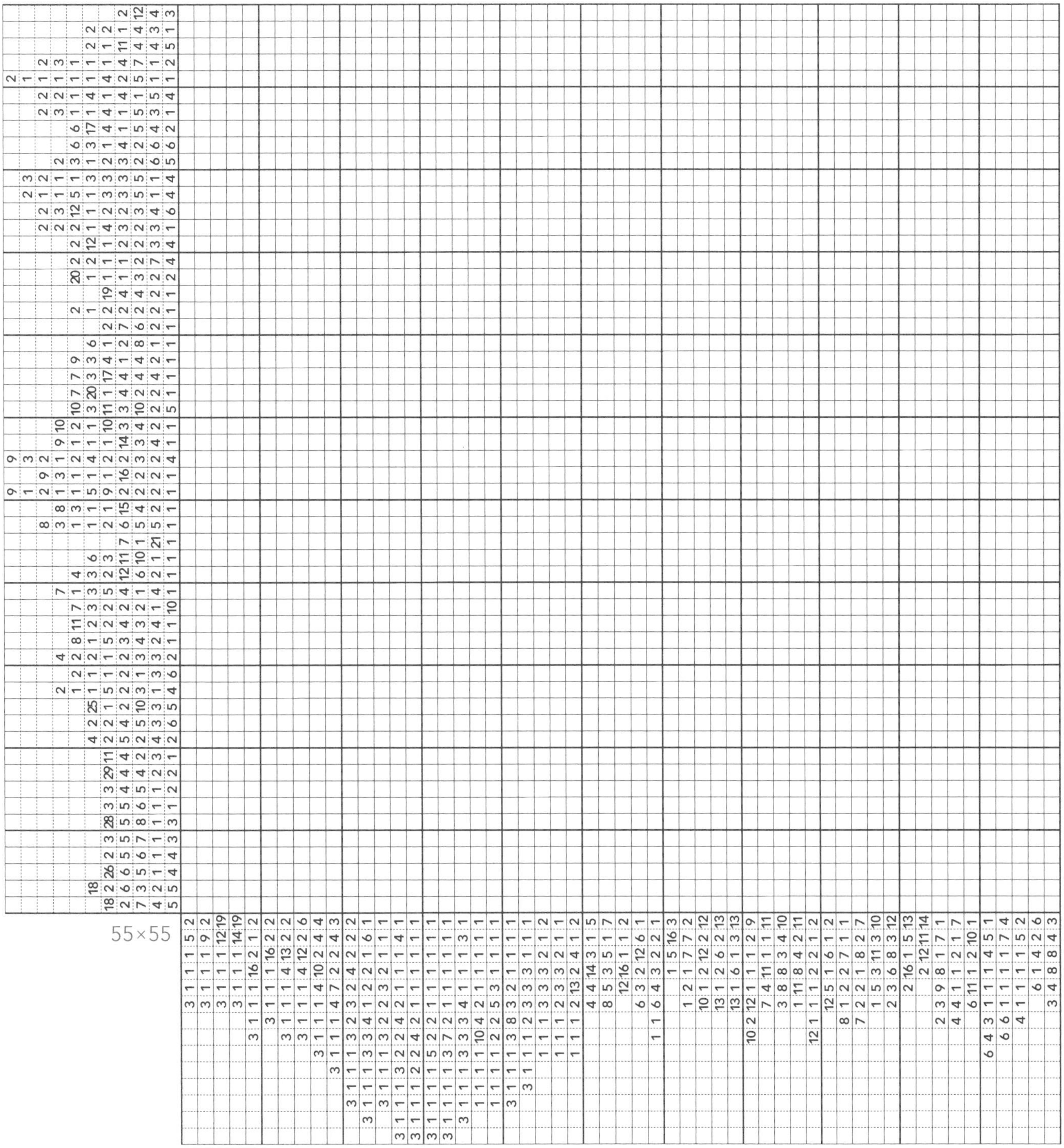

55×55

B44 바닷속에는 무엇이 살까요?

난이도 ★★★☆☆

55×55

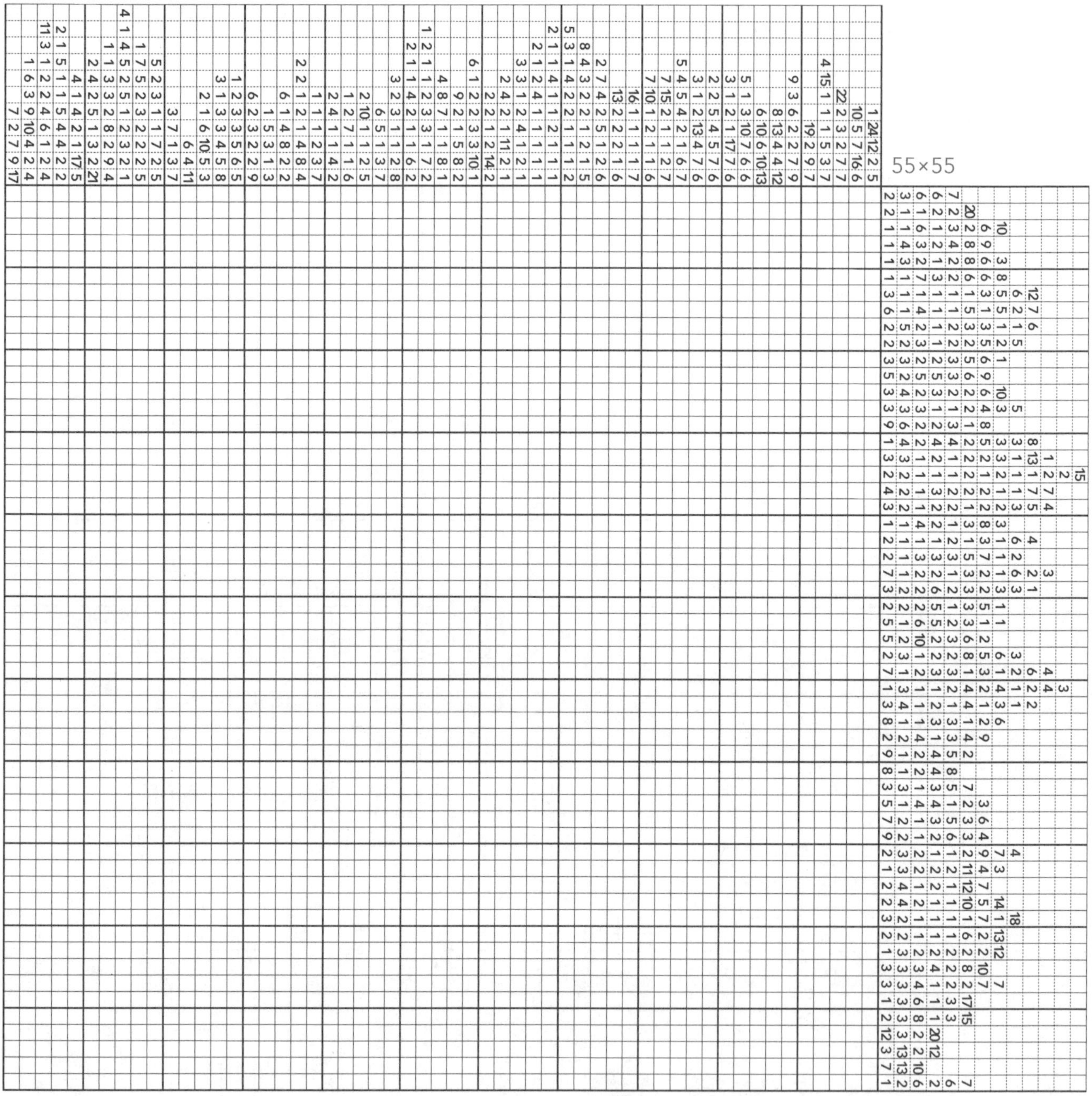

B45 손으로 치료해줘요

난이도 ★★★☆☆

55×55

6 22
9 1
11 22
12 1
13 22
13 1
6 3 5 22
4 1 7 1
2 7 22
2 7 1 16
2 7 1 16
2 9 1 16
3 10 20
13 4 11
13 20 19
13 21 19
13 15 5 18
13 12 5 18
13 12 5 17
14 1 7 7 16
14 1 6 7
14 2 6 8
1 6 8
2 5 7
1 5 6 1
1 5 3 1
1 3 1 1
1 2 2 5 4
2 2 1 3 12 2
2 2 2 6 2 1 4
1 3 1 1 2 10
6 4 2 1 1 2 2
10 4 3 1 1 1
15 2 3 1 1 2
13 4 2 1 4
14 1 10
13 1 11
13 2 14
6 5 17 1
6 4 13 1
7 1 12 1
3 2 12 3
5 4 11 3
2 10 1 11 3
3 1 6 14 5
7 4 8 3 4 2
4 4 5 3 6 2
7 7 1 6 2 2
8 1 3 5 2 2
8 1 1 5 2 2
4 2 1 5 3 2
3 2 1 5 4 4 5
2 2 4 2 8 8
2 3 2 3 4 11
15 7 2 14

9 14
9 17
9 11 8
9 9 1 8
9 10 2 1 8
9 10 1 1 4 2
9 7 1 3 3 1
9 7 1 2 1
9 8 2 2 1
9 9 2 2 1
9 8 4 2 1
9 8 6 3
9 14 2
7 3 3 6 2
9 7 1 4 1
7 12 2 1 1
8 8 3 4 1 1
7 6 3 2 2 1 1
7 5 3 2 1 2
6 6 2 2 2
7 9 2 5
7 12 2 6 1
7 13 1 3 2
5 20 3 1
6 19 1 4 2 1
22 3 5 4
11 2 4 2 2
11 1 4 1 2
11 3 2 5 2 1
9 4 2 2 4 3 1
9 7 1 3 4 4 1
18 2 4 1 2
14 3 6 2 1
9 13 2 4 10 2
1 1 1 1 1 10 1 15 3
1 1 1 1 5 8 2 6 3 4
1 1 1 1 1 1 2 9 4 2 3
1 1 1 1 1 1 4 2 1 4 1 3
1 1 1 1 1 1 5 1 4 2 2 1
1 1 1 1 5 6 2 4 1 2 2
1 1 1 1 5 6 1 3 1 2 3
1 1 1 1 5 6 2 4 3 4
1 1 1 1 5 6 3 4 3 5
1 1 1 1 5 6 1 1 4 2 6
1 1 1 1 5 6 3 4 1 2 4
1 1 1 1 5 6 1 2 5 2 2 4
1 1 1 1 5 6 1 10 1 2 3
1 1 1 1 5 6 1 1 4 3 3
1 1 1 1 5 6 1 1 4 3 2
1 1 1 1 5 6 1 1 4 2 2
1 1 1 1 5 6 2 1 4 2 1
1 1 1 1 5 6 1 2 4 1 1
1 1 1 5 6 1 1 4 2
1 1 1 5 6 3 5 1
1 1 1 1 5 6 2 9

B46 부채로 중심을 잡아요

난이도 ★★★☆☆

55×55

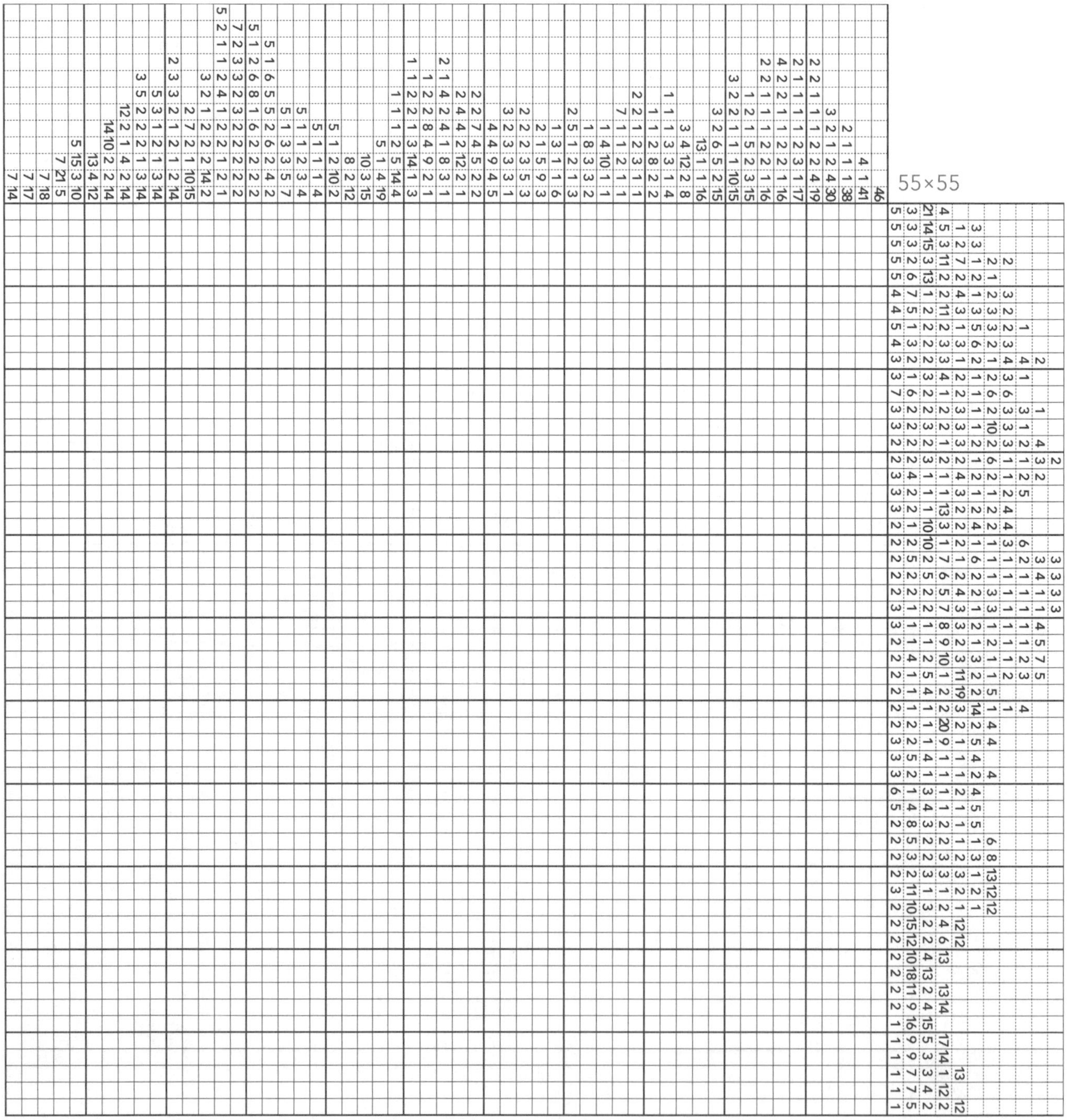

B47 중요한 일들을 취재해요

난이도 ★★★☆☆

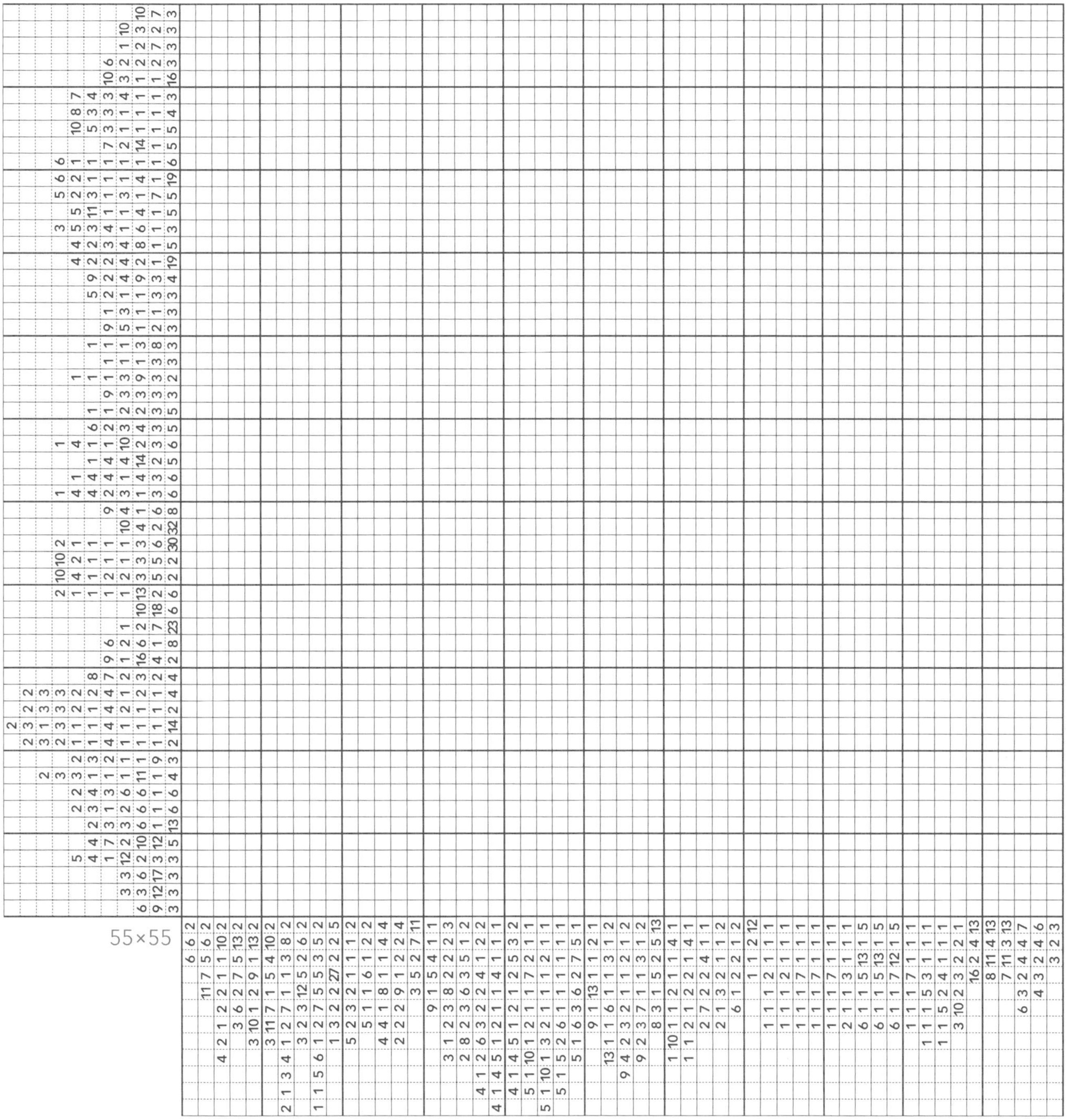

55×55

B48 친구를 어깨에 이고 전진!

난이도 ★★★☆☆

55×55

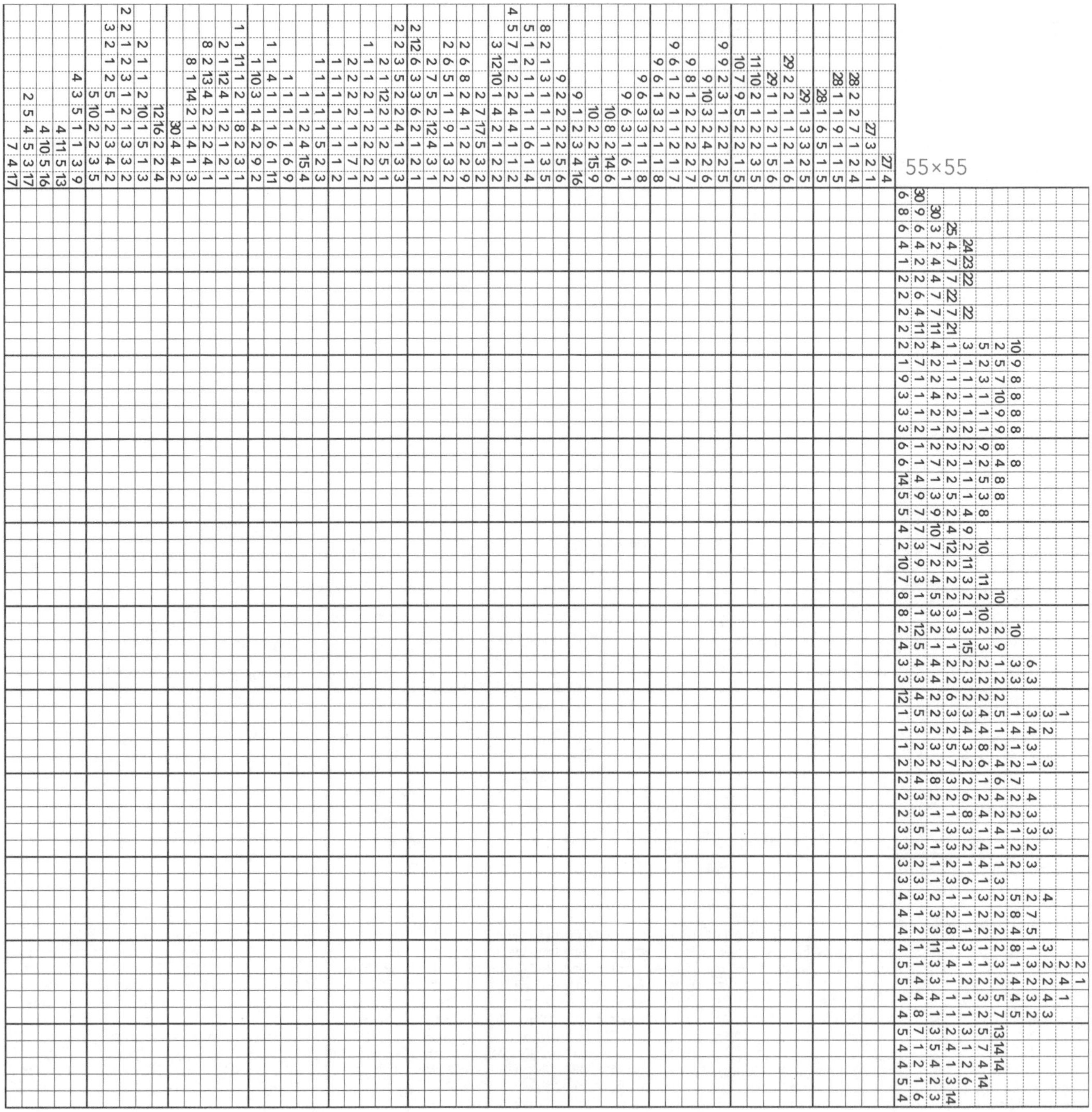

B49 운동회의 꽃

난이도 ★★★☆☆

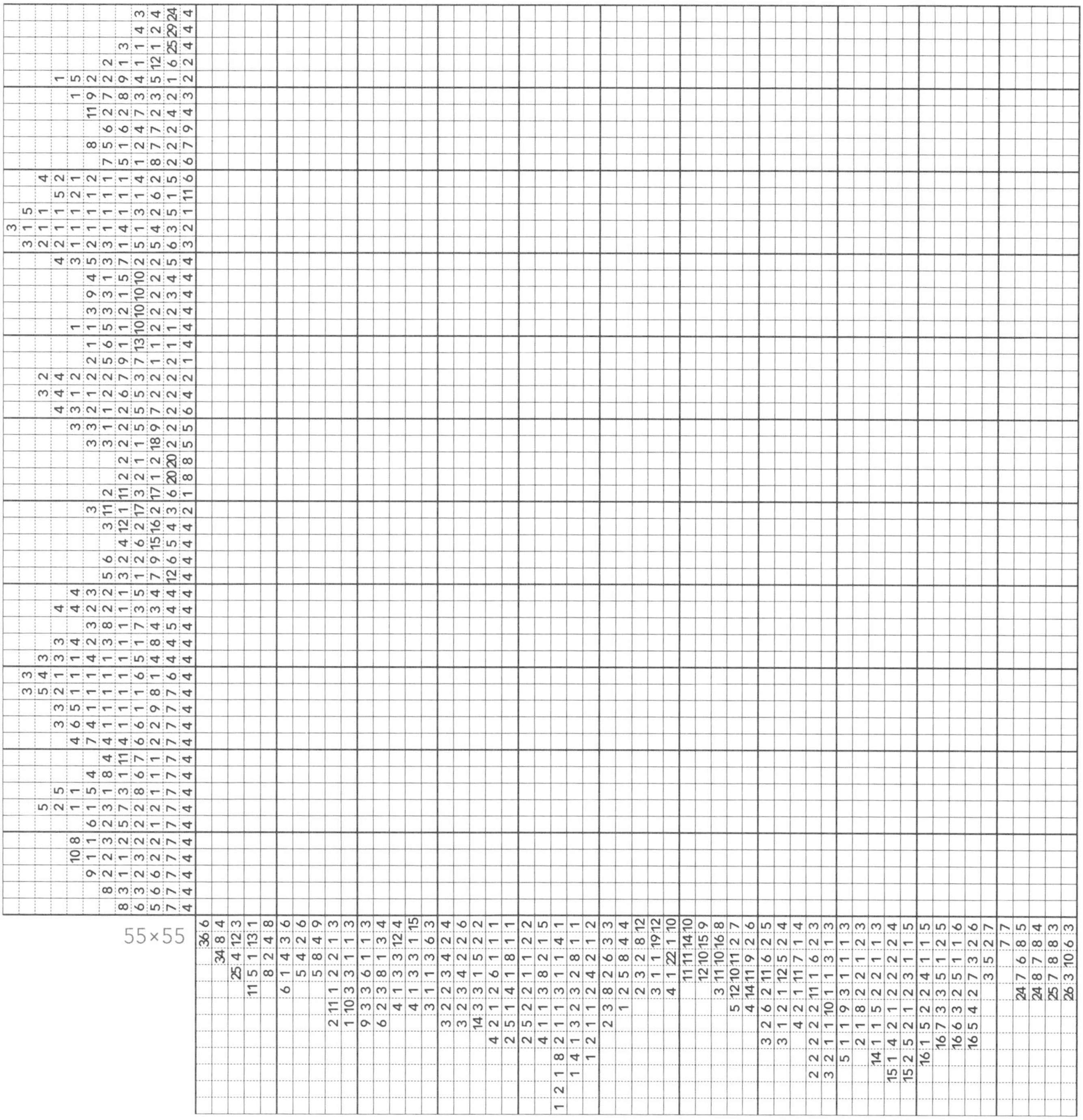

55×55

B50 훌라춤을 주는 것과 비슷해서 지어진 이름이래요

난이도 ★★★☆☆

55×55

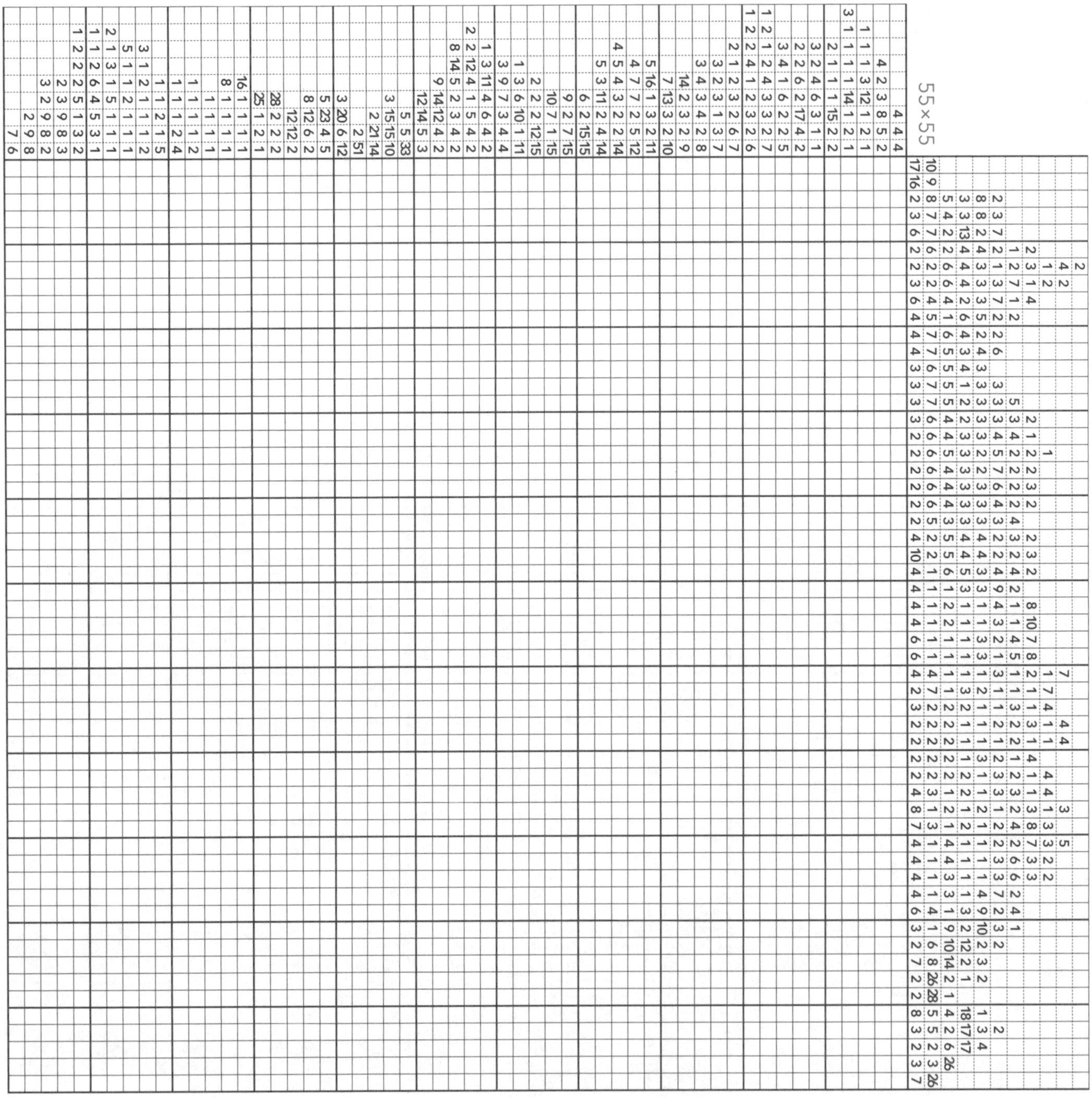

B51 기와로 지붕을 만든 집이에요!

난이도 ★★★☆☆

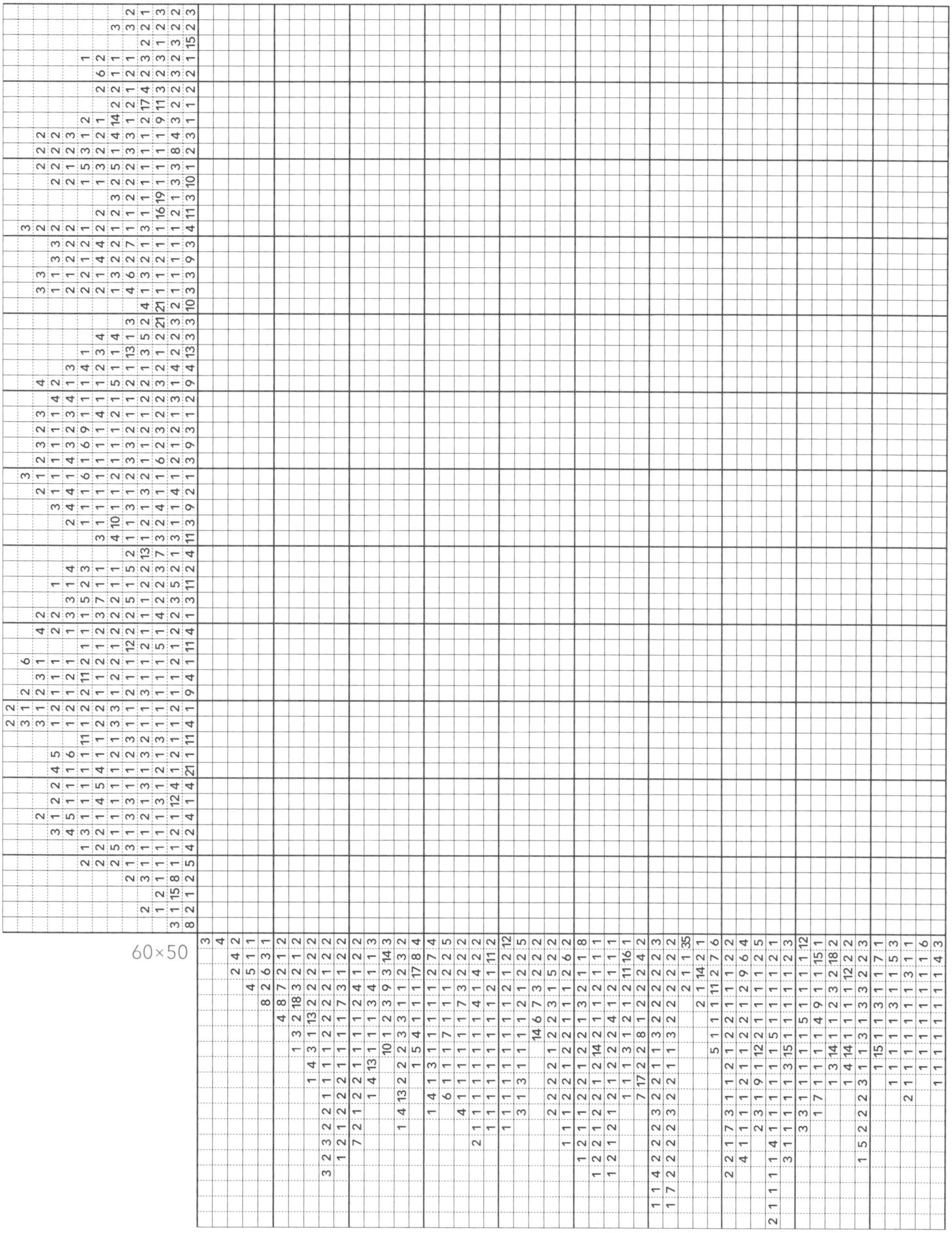

60×50

B52 누굴 쏘려 하고 있어요!

난이도 ★★★½☆

60×50

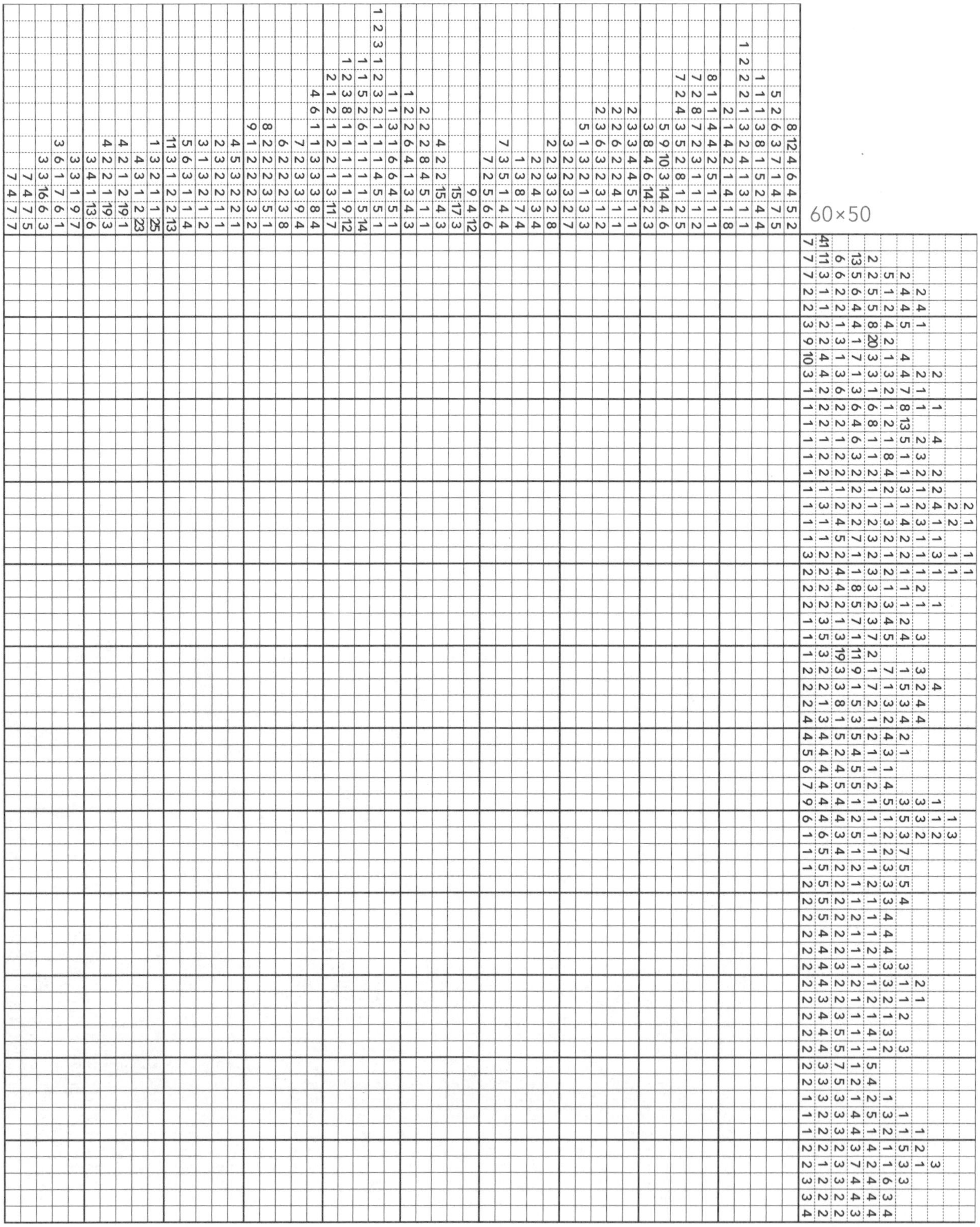

B53 입으로 후-불면 날아가요

난이도 ★★★☆☆

60×50

B54 땅이 울퉁불퉁해도 잘 달려요

난이도 ★★★☆☆

60×50

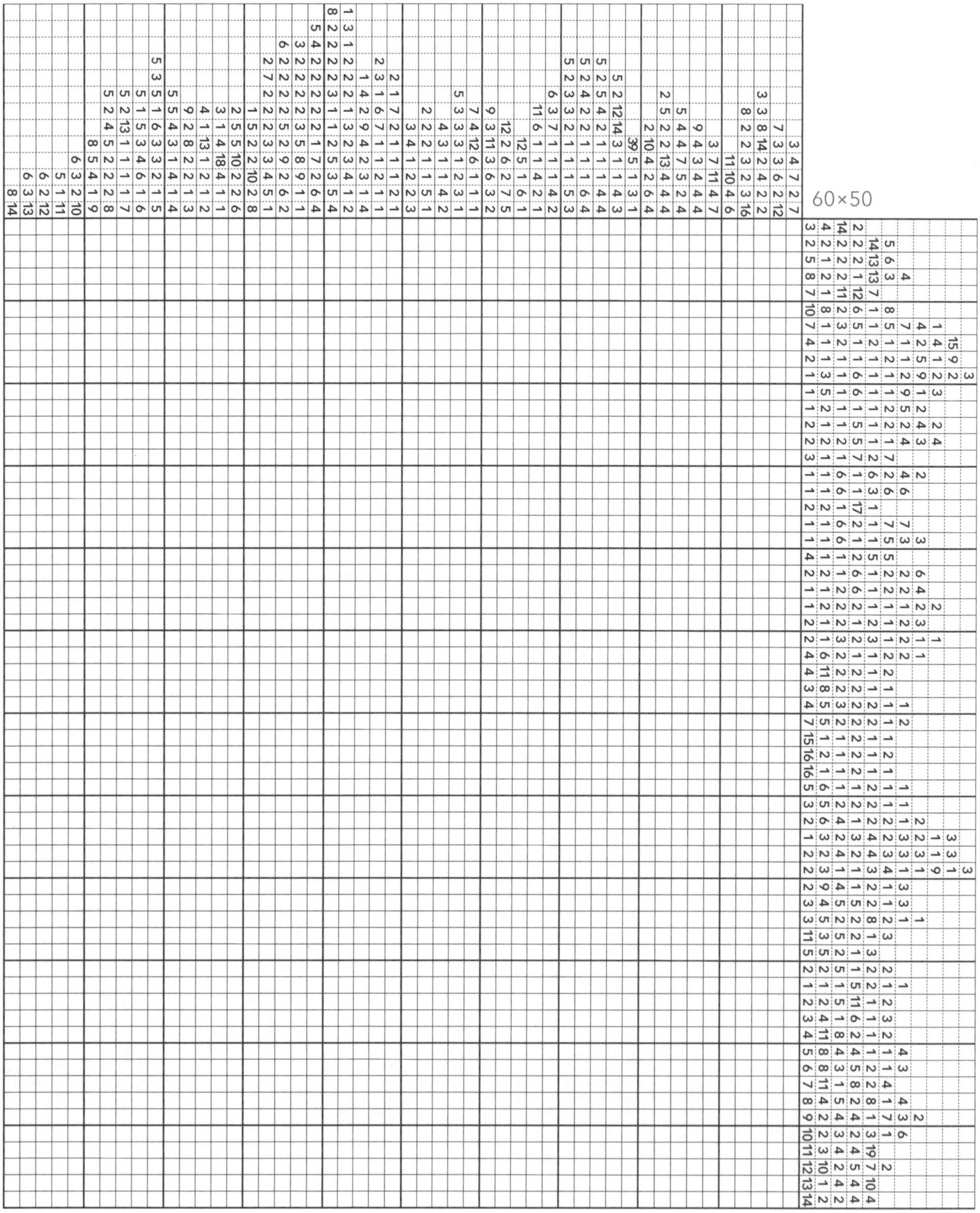

B55 불을 빙빙 돌려요!

난이도 ★★★☆☆

60×50

B56 앉아야 하는데 자꾸 눕게 돼요

난이도 ★★★⯪☆

60×50

열	힌트
1	20 3 3 14
2	17 1 1 2 1 12
3	15 2 1 2 1 11
4	14 2 2 1 2 1 11
5	14 2 2 1 2 1 12
6	9 4 2 2 19 1 7 5
7	3 5 9 2 4 4 5
8	2 1 2 1 4 1 2 1 2 1
9	2 1 2 1 3 22 2 1 2 1
10	2 1 2 1 2 2 1 2 1 2 1
11	18 2 4 13
12	9 1 2 12 4 2 6
13	4 2 2 2 1 1 1 3 2 2
14	3 1 5 1 4 2 1 1
15	3 1 1 1 1 1 1 1
16	3 13 30 1
17	3 1 7 2 4 3 1
18	3 1 2 2 2 2 1
19	3 1 10 2 1
20	3 21 11 2 1
21	3 5 8 9 2 3 1
22	3 4 6 5 1
23	3 3 3 2 1 3 1
24	3 2 2 2 1 2 1
25	3 1 2 2 13 3 1
26	4 2 2 1 6 2 1 2 2
27	3 2 3 2 3 3 2 3 2
28	13 2 3 4 5
29	4 5 2 6
30	3 2 3 2 1
31	3 3 2 2 1
32	3 3 3 3 2 1
33	3 3 1 1 3 3 1
34	4 10 4 6 1
35	5 1 2 2 3 2 4 1 1
36	3 2 4 5 7 2 2 2 1 1
37	3 3 2 3 4 2 3 1
38	3 1 2 2 2 7 3 1
39	4 1 2 2 1 3 2
40	4 1 3 2 1 3 2
41	5 6 2 32
42	5 3 6 3 17
43	5 2 1 2 5
44	9 1 2 2 2
45	12 4 3 4 3 1
46	11 1 1 1 6
47	8 3 2 2 3 9
48	4 2 3 9
49	8 11
50	3 3 7

행	힌트
1	7 14
2	7 27
3	39
4	6 3 15
5	12 14
6	7 2 2 2 3
7	7 2 1 2 2
8	12 2 2 1
9	13 3 6
10	5 16 1 1 2 1
11	5 1 1 5 1 3 1 7
12	11 1 4 1 5 9
13	7 1 1 3 1 2 3 7
14	7 1 1 2 2 1 1 1 5
15	3 2 1 1 1 2 1 1 2 5
16	2 1 1 1 1 2 3 2 4
17	2 1 1 1 1 2 3 1 5
18	1 1 1 1 1 2 1 1 2 1 5
19	1 11 1 1 2 1 2 1 2 5
20	1 7 2 1 4 2 1 2 4
21	2 1 1 1 4 4 5
22	6 2 4 3 1 6 2
23	7 2 2 1 3 1 2
24	1 2 2 2 3 1 2
25	6 1 1 2 4 2 1 2 1 1
26	1 1 6 2 2 2 1 2 1 1
27	1 1 1 2 2 2 2 2 3 6
28	1 1 1 3 1 3 2 1 1 2 3
29	1 1 1 1 3 4 2 1 1 1 2
30	1 1 1 1 3 2 2 2 1 1 1
31	1 1 1 1 1 1 1 1 2 2 1
32	1 1 1 1 1 1 2 2 2 1 1 2
33	1 1 1 1 1 1 2 2 1 1 1 2
34	1 1 1 1 1 1 1 2 2 1 2 3
35	1 1 6 1 1 1 2 2 1 4
36	1 1 1 4 1 1 2 2 2 1 3
37	1 1 1 1 2 1 3 2 4 3 1 1 1
38	1 1 7 3 3 4 1 3 2
39	1 1 2 3 1 4 2 1 2 3
40	1 1 2 3 1 1 1 2 1 2 4
41	1 1 7 1 1 2 1 2 2 4
42	5 1 2 1 1 1 1 2 2 2 4
43	6 1 2 1 1 3 4 2 5
44	1 1 2 1 1 2 2 2 6
45	11 1 1 1 2 2 5
46	1 1 1 1 1 2 3 5
47	1 6 1 1 1 2 3 3
48	1 6 1 2 1 2 11
49	2 2 1 1 8 9
50	11 1 1 2 7
51	7 1 2 3 2 2
52	11 10 1 2
53	11 15 1 2
54	5 3 5 2
55	5 2 13
56	12 2
57	7 1 1
58	7 1 2
59	7 2 2
60	7 14

B57 머리에 깃털을 꽂고 있어요

난이도 ★★★☆☆

50×60

열	세로 힌트
1	3 2 17
2	5 2 5 5 12
3	2 4 2 5 4 2 11
4	4 2 2 2 2 3 3 11
5	6 2 1 2 2 2 2 13
6	3 2 2 1 1 5 17 4
7	2 2 2 1 2 2 4 23
8	2 1 8 1 5 8 8 8
9	6 10 1 3 7 1 7 11
10	2 3 4 11 3 1 1 8
11	2 5 1 12 1 1 4 10
12	2 4 2 2 1 6 3 1 1 8
13	9 2 1 1 2 3 10 4 3
14	4 4 1 2 1 1 3 1 3 4 3 2
15	2 3 2 1 2 3 3 3 4 5
16	4 4 5 1 2 3 4 3 5 9
17	9 2 1 2 1 3 3 3 4 1 7
18	3 4 2 13 1 3 4 10
19	3 6 1 14 10 1 8
20	7 11 2 3 1 1 1 10
21	4 5 1 2 3 3 4 3 2 8
22	1 2 1 1 1 2 3 6 1 11 4
23	2 2 2 1 1 4 7 9 3
24	6 3 1 2 1 3 17 2
25	3 4 4 1 2 3 16
26	3 8 5 16
27	6 2 29
28	4 12 1 1
29	3 12 28
30	6 3 2 16
31	26
32	5 5 11 6
33	8 6 1 6 3 4
34	3 11 2 4 4 2 3 2
35	8 4 3 1 1 2 2 3 3 3
36	4 1 2 3 2 1 1 2 1 2 2 12
37	7 2 5 1 3 2 1 2 1 7
38	5 1 1 1 7 1 1 2 3 1 7
39	3 3 4 1 4 2 2 2 3 2 7
40	3 3 2 1 1 1 3 2 1 2 8
41	5 1 1 1 1 2 1 7 1 3 2
42	7 2 2 5 1 2 1 2 2 1
43	4 1 2 4 3 1 5 2 3 2
44	8 6 1 1 6 1 3 10
45	3 9 2 1 2 1 2 2 3 1 8
46	4 12 2 3 1 2 4 2 8
47	3 1 5 4 1 1 2 2 3 1 8
48	2 2 5 1 1 5 3 14
49	8 8 2 2 4 4 3
50	2 13 12 2

행	가로 힌트
1	3 3 2
2	5 3 4 2
3	2 2 3 6 3
4	4 1 2 3 2 3 3
5	6 1 1 6 1 1
6	2 2 1 1 1 2 2 1
7	4 1 1 1 2 2 6 1 1
8	2 2 2 2 2 1 5 1 10 1 1
9	1 2 9 2 3 2 13 2
10	2 2 12 2 2 5 5 1
11	4 14 3 4 15
12	10 7 1 1 1 1 1 2 1 1 1
13	2 5 2 2 1 1 16
14	2 2 4 5 3 1 4 4
15	1 6 2 3 8 1 7 7
16	4 2 1 1 3 1 3 2 1 2 3
17	2 4 3 3 1 2 3 1 3
18	2 3 2 5 6 1 2 2 4 3
19	5 3 3 3 2 2 2 5
20	3 6 5 1 2 5 8
21	1 2 10 2 2 2 17
22	4 4 8 2 7 2 5
23	6 4 3 1 2 3 2 4 3
24	3 2 7 3 2 2 7 2 2
25	7 2 2 4 2 5 2 3 5
26	1 7 5 2 2 2 2 2 4 2
27	1 6 5 1 2 1 9 2
28	1 10 7 1 1
29	2 1 2 6 2 2 4 6 1
30	1 1 2 2 2 1 1 2 2 5 3 1
31	1 1 1 1 1 1 1 1 2 4 3 1
32	2 2 1 2 2 3 5 1
33	1 2 2 5 1 2 1
34	1 2 3 1 1 2 2 2 2
35	4 17 1 1 2 6 2
36	6 1 1 2 3 1 1 5 5 3 3 2
37	1 10 3 9 9 5
38	1 3 2 1 2 5 7 3
39	1 4 3 3 5 6 2 1
40	2 3 7 4 7 2 2
41	7 1 1 1 3 1 1 4 5 2 2 2
42	7 1 1 2 1 2 1 4 4 3 3 3
43	15 5 5 5 2 2 5
44	9 1 7 6 7 4 4 1
45	9 5 6 3 4 4 1
46	9 3 6 4 4 4 2
47	9 1 6 5 3 4 3
48	8 2 6 7 6 5
49	8 1 6 8 3 3 3
50	9 3 7 9 2 1
51	7 19 4 1 2 4 1
52	2 1 1 4 1 1 1 1 1 1 3 1 1
53	7 7 1 1 1 1 5
54	7 7 1 1 5 5
55	7 6 1 1 5 5
56	7 6 1 1 5 5
57	7 7 1 1 5 5
58	8 8 1 1 6 6
59	8 8 1 1 7 6
60	7 7 3 6 6

B58 불을 붙여 하늘에 날려요

난이도 ★★★☆☆

50×60

Column clues (left to right, top to bottom):

- 19 4 11
- 3 12 13
- 2 2 9 14 6
- 29 20
- 1 6 2 8 7
- 1 4 4 3 5
- 1 4 5 3 2 4
- 1 3 3 2 2 1 2
- 2 16 2 2 1 2
- 14 1 2 2 1 2 1
- 14 1 3 7 2
- 15 1 3 2 6 12
- 4 5 4 4 4 2 4
- 16 4 3 1 3 9
- 16 2 5 10
- 27 8 4 8
- 4 1 3 9 7 4
- 4 1 13 1 3 11
- 5 1 12 3 3 6 2
- 1 10 2 11 3 5 1 2
- 11 7 2 8 2 1
- 7 14 3 9 4 1
- 4 6 15 5 3 2 1
- 22 3 3 2 6 3
- 22 2 3 2 1 2 5
- 29 3 2 1 1 1 2
- 4 5 2 3 1 10
- 3 6 4 2 3 1 1 5
- 2 3 4 2 3 3 2 1 2 1 1 3
- 2 2 4 4 2 6 2 1 6 1
- 1 1 3 3 2 1 4 2 2 1
- 1 2 2 2 2 1 11 5 1
- 15 2 2 4 9 2 1
- 1 1 3 3 3 9 1 2
- 1 4 4 3 9 2
- 2 3 4 3 6 9
- 3 2 2 2 4 2 5
- 5 6 2 4 7 9
- 21 1 2 4 2 1 5
- 22 1 1 3 2 1 1 5
- 2 2 11 1 1 4 4 2 5
- 16 1 1 10 2 5
- 7 7 7 3 5
- 6 1 7 12 5
- 13 2 3 12 6
- 2 2 6 13 6
- 3 2 6 15 6
- 6 1 7 11 5 6
- 7 8 9 5 4
- 4 14 1 5 4

Row clues (top to bottom, left to right):

- 14 9 13 5 2
- 4 11 10 1 9 3
- 2 1 19 1 4 3 3
- 1 1 18 1 8 4
- 1 1 3 3 4 3 1 13
- 1 1 7 7 1 2 8
- 1 1 7 7 1 5 1 2
- 1 1 7 2 4 1 4 1 1
- 1 1 17 1 4 1 1
- 1 1 7 7 1 4 1 1
- 1 1 3 13 1 4 1 1
- 1 1 12 1 3 1 4 1 1
- 19 1 3 1 4 1 1
- 16 2 1 3 2 4 1 1
- 2 6 8 1 3 6 4 5 1
- 7 1 6 1 3 2 3 5 3 2
- 5 1 12 4 8 2 3
- 5 1 11 9 3 8
- 4 1 4 8 4 4 8
- 3 1 15 10 5
- 4 1 21 3 7
- 4 1 35
- 4 1 3 2 1 3 3 4 6
- 4 1 1 1 1 1 4
- 1 1 1 1 1 1 2 1
- 1 7 1 1 1 1 1 1
- 1 3 4 1 1 1 1 4
- 1 3 4 1 1 1 3 3 1
- 4 4 1 5 5 1 7
- 8 6 1 2 11
- 6 4 4 1 2 12
- 7 2 2 1 9
- 6 1 1 4 3 9
- 1 3 1 3 1 1 1 9
- 4 1 5 1 2 1 9
- 8 1 3 1 1 1 1 7
- 7 2 1 5 7 3 7
- 5 8 1 10 3 7
- 5 2 3 1 2 5 4 12
- 5 1 2 1 1 3 3 8
- 5 1 2 4 2 2 3 2
- 5 3 2 3 2 2 4 1
- 4 1 2 2 2 5 1
- 6 2 2 2 4 7 2
- 10 1 4 2 8 1
- 9 2 6 8 1 1
- 7 1 20 1
- 6 2 4 7 2
- 3 2 3 5 2 1 1
- 2 2 3 2 1 2 2 1 1
- 1 3 3 1 1 1 1 1 1 1 1
- 1 3 1 2 1 1 1 1 1 1 2 2
- 1 1 1 3 3 1 3 1 1 1
- 1 1 1 1 1 4 1 3 1 1 1
- 2 1 1 1 1 1 7 3 1 1 6
- 1 1 1 1 1 1 4 1 1 11
- 1 1 1 1 1 1 2 1 10
- 1 1 1 1 2 2 3 2 10
- 1 1 1 1 2 2 2 2 9
- 1 1 1 1 5 6 9

B59 나무 막대 4개로 승부를 가려요

난이도 ★★★½☆

60×60

열	힌트 (위→아래)
1	25 12 1
2	23 12 2 1
3	21 13 2 1
4	19 13 1 1
5	17 4 14 1 4 1
6	17 8 14 6 1
7	17 9 3 6 6 1
8	5 10 13 4 8 1
9	2 10 8 3 4 3 3 1
10	11 7 2 3 3 1 2
11	4 7 5 4 4 1 4
12	7 6 4 2 6 4 3
13	8 1 4 4 2 6 4 3
14	4 3 2 3 3 1 5 5 3
15	3 1 1 2 3 2 6 3 2 3
16	2 6 1 2 2 2 1 4 2 2 6
17	1 7 1 4 1 1 2 1 3 8 4
18	9 2 7 2 1 1 1 2 3
19	1 10 1 2 2 1 2 1 1 1 2
20	13 1 1 2 1 2 2 1 2
21	5 1 6 2 11 2
22	4 6 1 10 2 1 1 2 1 1
23	3 5 14 1 1 2 1
24	2 7 13 2 1 3 6 1
25	1 7 2 7 5 4 2 1 1
26	1 4 4 1 1 2 1 3 2 2 1 1
27	1 3 2 4 1 2 1 1 1 3 3 1 1
28	1 2 2 1 1 3 1 1 1 2 1 1 2 2 1 1 1
29	1 2 2 1 2 1 1 2 1 1 1 2 2 1 1 1
30	1 2 3 3 1 7 1 1 3 1 1 1
31	1 2 2 1 2 5 1 3 1 1 2 1 1 1
32	1 3 2 13 5 1 1 3 1 1 1
33	2 3 13 1 2 1 1 2 2 1 1 1
34	3 7 1 8 2 1 1 3 2 1 1 1
35	4 1 1 1 2 1 1 2 2 1 1 1
36	9 1 1 1 1 1 4 8 1
37	9 2 1 2 1 5 15 4 1
38	1 5 3 2 1 9 4 5 5
39	5 1 1 5 9 10 7
40	1 3 1 2 3 7 1 1 2 7
41	2 2 1 4 2 1 8 2 2 11
42	2 9 1 2 12 2 4 8
43	3 7 1 2 11 1 2 8
44	6 2 7 2 12 2 8
45	5 1 4 3 14 4 8
46	4 1 2 2 1 3 10 2 2 6
47	3 2 1 3 4 8 1 1 2 1 6
48	2 2 2 2 1 4 2 4 2 5
49	1 3 2 2 1 1 9 1 1 2 5
50	2 4 3 2 1 10 2 1 3 4
51	7 3 4 1 1 7 1 3 4
52	7 5 4 1 1 6 2 1 4
53	7 6 4 3 12 4
54	8 5 3 12 4
55	8 10 3 13 3
56	9 6 1 15 2 2
57	9 1 2 8 4 4 1
58	9 1 2 6 10 1
59	9 1 4 1 1 1
60	9 1 13 1

행	힌트 (왼쪽→오른쪽)
1	9 6 20 21
2	9 5 5 5 8 11
3	8 4 5 8 5 5 10
4	8 4 5 10 6 3 11
5	8 3 5 5 3 6 3 12
6	7 3 5 5 2 9 13
7	7 11 4 2 2 1 4 2 14
8	10 2 5 4 2 2 1 2 1 2 2 7
9	10 1 5 4 1 1 2 4 5 5
10	10 5 1 1 4 1 7 9
11	11 7 2 2 2 1 2 2 6
12	14 3 3 2 2 1 2 5
13	12 7 7 1 3 2 5
14	13 2 8 2 3 2 4
15	14 3 2 1 2 1 1 1 1 2
16	15 3 5 3 2 1 4 2
17	18 3 3 3 7 2 8
18	4 7 1 7 2 4
19	4 6 5 3 2 5
20	3 9 5 4 10 3
21	3 11 5 4 2 2 2 2
22	2 8 1 5 7 2 2 2 2
23	2 6 2 16 3 2 4 1
24	1 6 4 4 2 3 1 6 1 1
25	1 6 2 1 3 3 2 1 3 1 1 2
26	5 2 2 4 2 4 1 1 5 2 1
27	6 2 5 2 2 1 1 2 1 1
28	3 1 7 1 1 1 4 1 2 1 1
29	3 2 1 2 4 2 7 2 1 1
30	3 2 2 7 11 8 1
31	6 3 5 4 20 1
32	9 1 2 3 16 7 1
33	4 6 4 11 8 1
34	4 6 8 10 10
35	4 7 1 2 9 9 1
36	5 5 1 1 9 2 6 1
37	5 2 1 15 5 8
38	5 5 3 1 1 7
39	6 2 16 3 3 6
40	7 3 5 5 2 1 4
41	9 3 1 1 2 2 1 3 8
42	17 1 1 2 2 1 1 2 2
43	21 1 4 1 1 2 2
44	15 4 4 1 1 2 1
45	7 4 2 2 2 1 1 1 1
46	3 2 2 2 2 5 1 1 2
47	2 2 1 2 5 2 2 1 1
48	1 1 4 4 4 3 2 1
49	1 2 1 20 1 1
50	2 4 1 2 7 2 1
51	2 1 1 17 1 2 1
52	6 5 1 1 3 1
53	4 2 1 8 1
54	5 1 10 2
55	6 2 11 2
56	4 2 1 13 1
57	3 1 2 21
58	8 19
59	9 10 16 17 4
60	9 13

B60 그건 거인이 아니라 풍차에요!

난이도 ★★★☆☆

60×60

Column	Clues
1	2 3 2 6 4 4
2	9 1 6 15
3	9 2 6 6 2 1
4	10 2 5 6 4
5	10 2 2 5 1 3 4
6	4 5 2 3 2 1 3 4
7	9 2 3 2 1 3 4
8	10 2 5 4 1 2 4
9	7 3 2 3 7 3 3 4 4
10	11 2 6 7 4 5 2 4
11	11 2 5 1 1 1 5 4 3 7
12	11 2 6 1 1 3 7 1 2 4
13	3 7 8 3 6 1 5 4 4
14	9 3 3 7 2 6 3 4
15	14 3 5 4 2 6 1 2
16	12 7 2 1 2 4
17	12 3 7 1 3 4
18	13 5 5 2 1 3 2 2 4
19	7 5 2 3 6 2 1 3 1 4
20	13 1 5 2 2 5 2 2 3 4
21	17 3 2 1 2 1 1 6 4
22	1 12 3 2 2 2 1 2 4
23	12 1 3 2 2 1 1 1 1 1 3
24	14 8 4 2 1 1 1 3
25	5 5 6 3 3 2 2 1 3
26	4 4 4 3 3 2 2 4 1 1 3
27	3 2 2 2 4 1 1 1 2 2 1 1 3
28	2 9 2 3 2 4 2 2 2 1 3
29	2 2 2 6 6 1 2 2 1 2 1 2
30	2 7 1 2 1 5 4 3 1 2
31	6 1 3 4 1 3 1 4 2 1 2
32	3 14 1 1 3 1 4 1 1 2
33	3 2 1 3 1 4 4 1 5 1 1 2
34	3 5 2 1 1 1 7 2 5 1 1 2
35	3 2 1 2 3 1 1 2 2 1 5 1 1 2
36	4 7 6 2 2 7 2 1 2
37	5 7 3 3 5 1 1 1
38	3 12 3 5 1 1 1
39	3 7 7 2 4 4 2 1
40	1 13 7 6 2 2
41	1 1 10 5 2 2 2
42	1 1 4 4 2 1 1 2
43	1 1 7 1 2 2
44	3 6 2 1 2
45	2 5 1 1 2
46	1 6 3 2 2
47	5 3 1 1 2
48	5 2 3 1 3
49	5 1 5 5 1 3
50	5 1 7 4 4 1 1
51	5 2 3 5 2 6
52	5 1 3 2 2 4
53	5 2 2 2 6 3
54	2 2 1 3 1 3 2 2
55	6 1 3 2 2 6
56	7 1 3 4 2 1 2
57	7 4 3 5 2 1
58	8 3 3 1 2 5
59	2 5 2 5 1 2 4
60	6 2 5 6 4

Row	Clues
1	6 27 4
2	21 24
3	26 9 2
4	12 13 4 3 3
5	5 19 6 5
6	24 3 5 3
7	23 1 1 1 4 3
8	8 9 5 5 1 3 4
9	24 9 6
10	10 11 1 1 1 9
11	18 1 1 7
12	3 13 2 1 4 4
13	4 3 5 4 4 11 1
14	4 1 2 7 1 4 6 4 3
15	4 1 1 3 5 13 6
16	5 1 2 1 3 4 21 1
17	6 1 2 2 2 2 22
18	6 1 6 1 12 6
19	9 1 1 2 14
20	2 7 2 6 1 11
21	1 1 6 3 1 1 1 5
22	5 9 5 1
23	5 5 6 1 1
24	5 1 2 1 4 1
25	1 2 1 3 9 1
26	1 1 1 12 1 2
27	1 3 1 3 10 1 3
28	9 3 3 1 9 1 1
29	2 1 9 4 6 2 1
30	3 3 5 3 3 3 5 1 2
31	2 2 1 1 2 3 1 3 3 1 1
32	4 2 1 2 9 2 2 5 1
33	1 1 12 3 5 2
34	2 2 2 11 13
35	1 4 5 1 12 11
36	2 5 2 3 2 8 2 4
37	3 5 2 4 4 1
38	4 4 2 2 2
39	4 4 3 2 1
40	5 4 1 3 1 1 1
41	8 3 2 1 1
42	2 1 5 3 1 2
43	3 2 2 2 4 1 1 2
44	2 6 1 3 7 1 2 3
45	4 7 3 2 4 1 2
46	5 1 5 3 2 2 2 1
47	5 2 5 1 4 2 4 1
48	4 2 4 2 4 3 3 2
49	10 2 1 4 4 2 4
50	3 3 2 4 5 3 1 1
51	1 3 2 4 1 1 1 3 1
52	1 3 7 1 2 1 2 3 1
53	1 3 1 2 2 2 2 2 3
54	1 7 4 1 3 2
55	1 6 2 1 2
56	1 1 32 1 3
57	22 11 5 3
58	14 13 9 3
59	2 33 5
60	21 17

B61 혼자서는 탈 수 없어요

난이도 ★★★☆☆ (3.5)

60×60

Column clues (top to bottom)

Column	Clues
1	6 11 3
2	2 11 3 5
3	9 5 1 3
4	5 3 4 4 1 3
5	2 3 1 1 2 1 8 8 3
6	4 2 3 1 4 10 9 2 3
7	4 6 4 10 11 1 3
8	4 6 5 24 2 3
9	5 5 3 1 24 1 2
10	7 5 2 1 7 14 1 2
11	9 8 13 13 1 3
12	6 10 1 6 13 1 2
13	5 9 1 6 4 6 1 3
14	4 2 1 6 9 3 5 1 2
15	4 2 3 6 2 3 2 2 2 4 4
16	3 3 6 11 2 2 2 2
17	3 2 8 1 1 2 2 4 2 5
18	4 2 10 1 1 5 2 2
19	6 2 5 4 4 1 2 2 1 2 2
20	7 5 3 3 3 2 1 3 3 2
21	3 1 2 1 3 1 1 2 1 1 1 3 3
22	4 2 1 2 3 1 1 3 1 1 9
23	3 3 2 5 2 5 2 2
24	5 8 1 3 7 2 1 3
25	6 2 7 3 2 9 1 2
26	1 7 5 2 9 5
27	8 5 1 5 8
28	7 5 2 1 5 2
29	2 3 7 2 3 4 3
30	5 3 3 1 3 4 2 2
31	4 9 2 1 3 6
32	3 3 3 2 2 9 5
33	12 2 4 1 2 5
34	2 2 20 2 3
35	1 8 4 2 3 2
36	2 2 2 6 1 2 2
37	21 4 2 4 3
38	3 14 4 5 6 2
39	4 1 1 1 4 2 2 11 1
40	4 5 4 1 4 1 2 3 7 2
41	10 10 4 2 2 3 5 3
42	17 2 13 2 3 3
43	4 1 3 3 5 1 4 3 2 1
44	4 8 2 3 1 2 3 2 5
45	4 1 5 3 4 3 3 2 3
46	15 2 3 7 5 2 2 7
47	3 1 5 2 1 1 2 3 1 2 1 1 8
48	8 5 1 1 8 1 1 2 7 2
49	1 9 2 3 7 2 3 3 3
50	4 2 7 2 4 1 1 2 1 1 1 1 2 2 1
51	4 2 5 2 3 2 1 1 1 1 1
52	4 2 9 1 4 2 2 2
53	4 2 4 2 2 3 2 3 4
54	4 2 5 3 5 6 5 3 1
55	3 2 4 1 2 2 5 1 5 1 1
56	3 13 3 6 5 3 1 1
57	3 13 8 3 8 2 1
58	3 3 1 4 1 3 5 10 2
59	3 2 1 4 1 3 2 11 3
60	3 1 4 5 10 10

Row clues (left to right)

Row	Clues
1	8 7
2	10 10
3	12 13
4	7 3 15
5	5 2 1 2 1 1
6	3 7 2 5 8 1 2 1 1 11
7	3 7 2 6 1 6 1 2 1 1 11
8	1 1 4 2 1 4 4 3 1 2 1 1 11
9	4 3 2 3 2 2 7 6 2 1 1 5
10	5 2 2 2 7 18 2
11	6 9 9 3 1 2 1 1 1 1 9
12	5 6 3 3 3 4 1 2 1 1 1 1 9
13	4 14 5 3 1 1 2 1 1 6 2
14	3 16 3 3 1 16 3 2
15	2 18 2 1 1 4 17
16	2 1 4 10 1 3 1 3 2 20
17	2 1 2 8 1 2 7 2 2 3 2 13
18	2 4 8 2 10 2 2 4 5
19	3 1 2 12 2 4 3 3 2
20	1 8 1 5 3 2 3 2 1 1 2
21	9 1 4 1 2 1 2 2 2
22	4 4 2 3 3 3 5 4 11
23	8 1 3 2 3 2 2 2 2 2
24	13 1 1 1 1 8 2
25	1 3 1 2 3 11 6
26	1 1 1 1 2 2 12 1 5
27	1 1 1 2 21 1 1 1 5
28	7 1 1 2 12 1 1 1 4
29	15 1 2 1 2 2 1 1
30	12 2 1 9 1 1
31	13 1 1 1 1 4 2 4 3 4
32	11 2 2 2 1 1 2 7 3 3 1
33	10 2 1 1 1 1 1 8 1 1 2
34	8 2 2 2 1 1 1 4 4 6
35	6 1 1 1 1 1 1 3 2 2 7
36	5 1 2 4 3 3 2 5
37	5 2 1 10 4 2 3
38	5 1 15 1 2
39	7 10 5 1
40	9 5 7 1 6 1
41	13 2 5 3 3 2
42	8 3 5 5 2 3
43	7 2 7 9 1 2 1
44	7 3 3 5 3 5
45	8 8 5 6
46	9 2 1 6 5 1 5
47	11 1 1 7 4 6 2
48	13 1 2 5 3 3 1 8
49	23 5 3 2 2 4
50	11 3 9 3 2 1 6
51	1 7 2 6 7 2 3 1 2 3
52	5 6 3 8 6 5
53	2 3 4 2 5 3 1 4
54	3 8 1 4 5 2 3
55	5 3 1 3 4 3 1 1 1
56	5 5 1 2 5 3 1 1
57	5 5 1 1 2 3 1 2 1 1
58	8 1 2 7 2 1 2
59	5 7 3 6 2 3
60	6 22

B62 마당을 가꿔요

난이도 ★★★☆☆

60×60

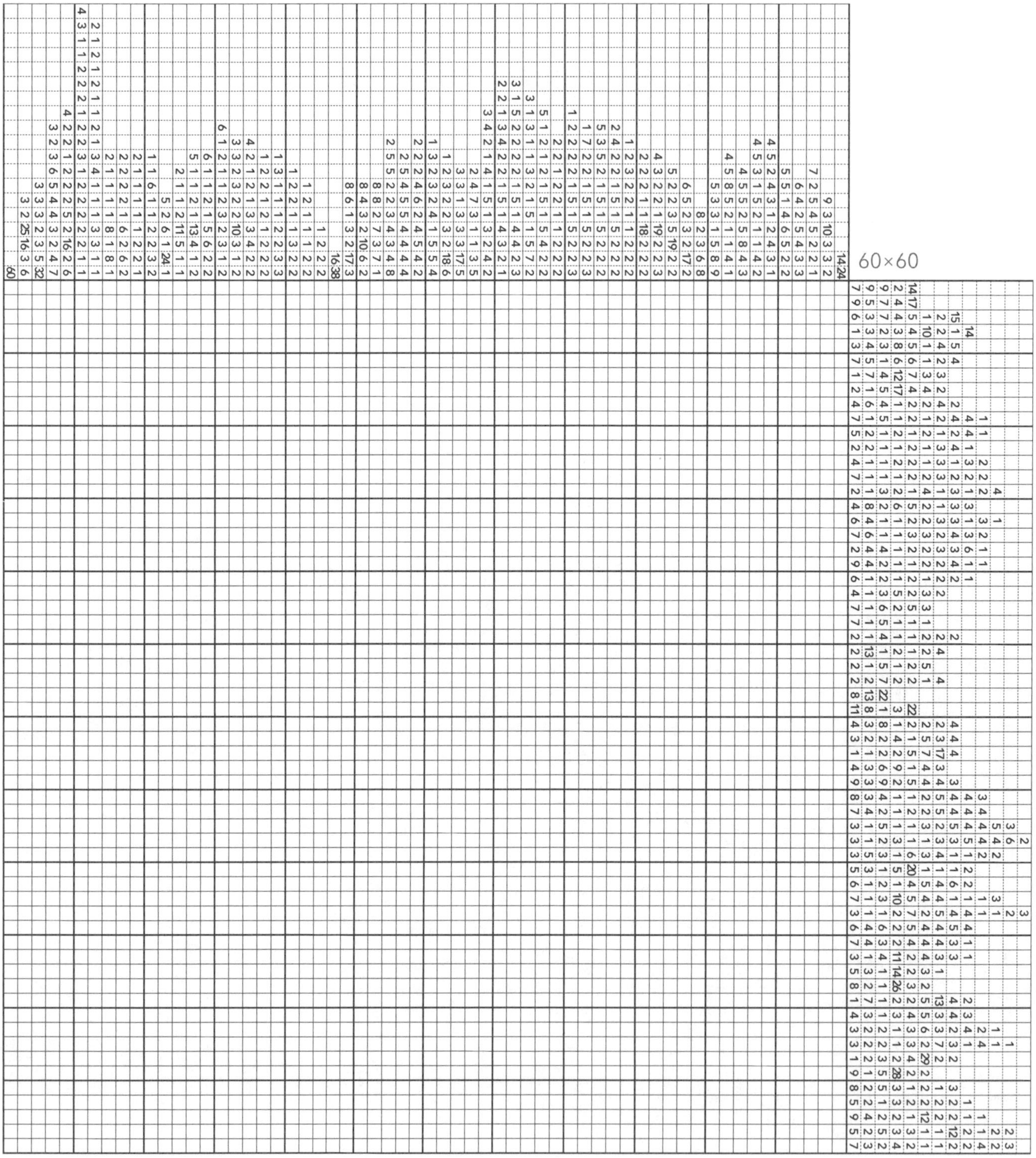

B63 여러 기구로 운동을 하는 곳이에요

난이도 ★★★☆☆

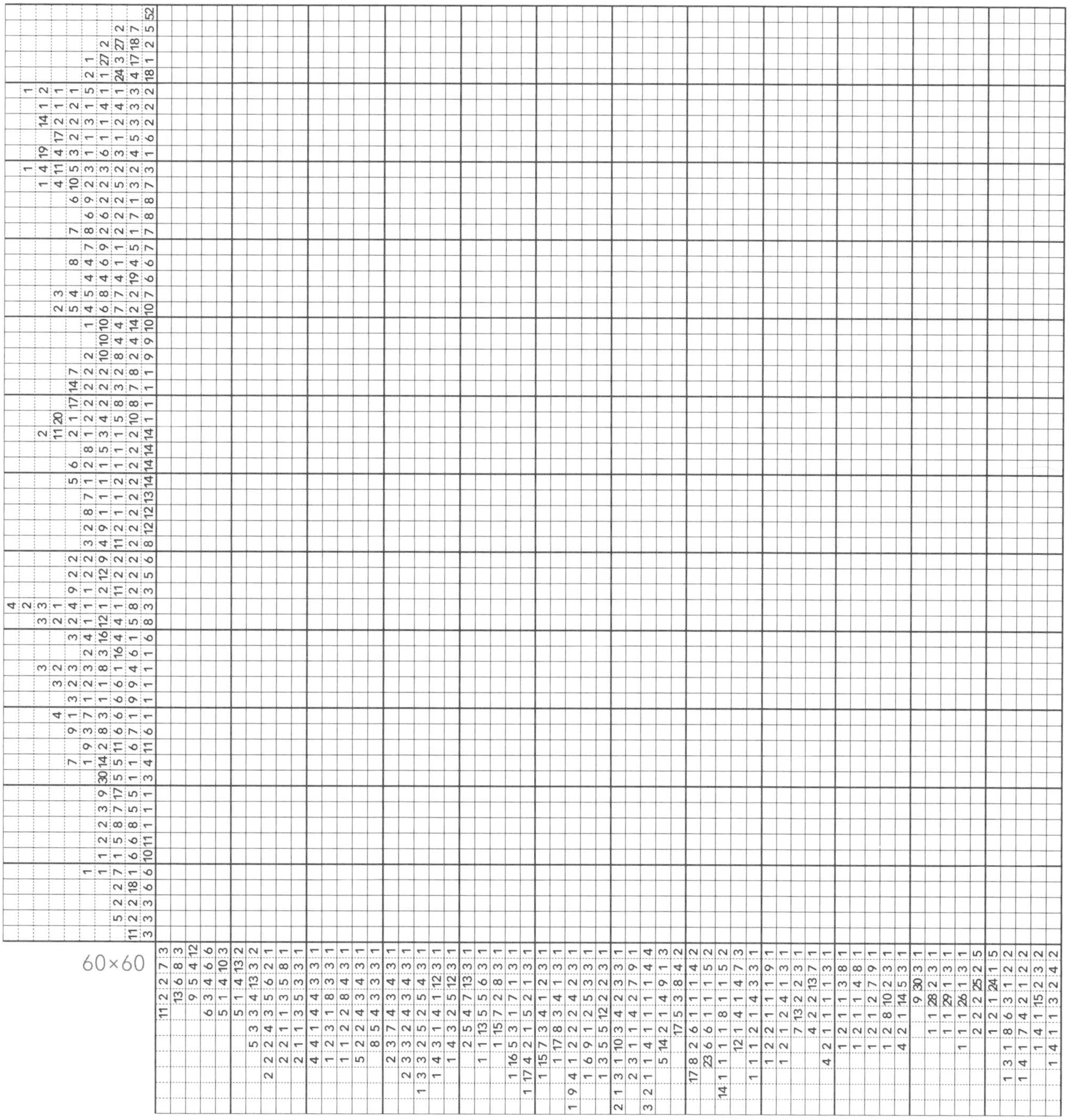

60×60

B64 텐트를 치고 불을 피워요

난이도 ★★★☆☆

60×60

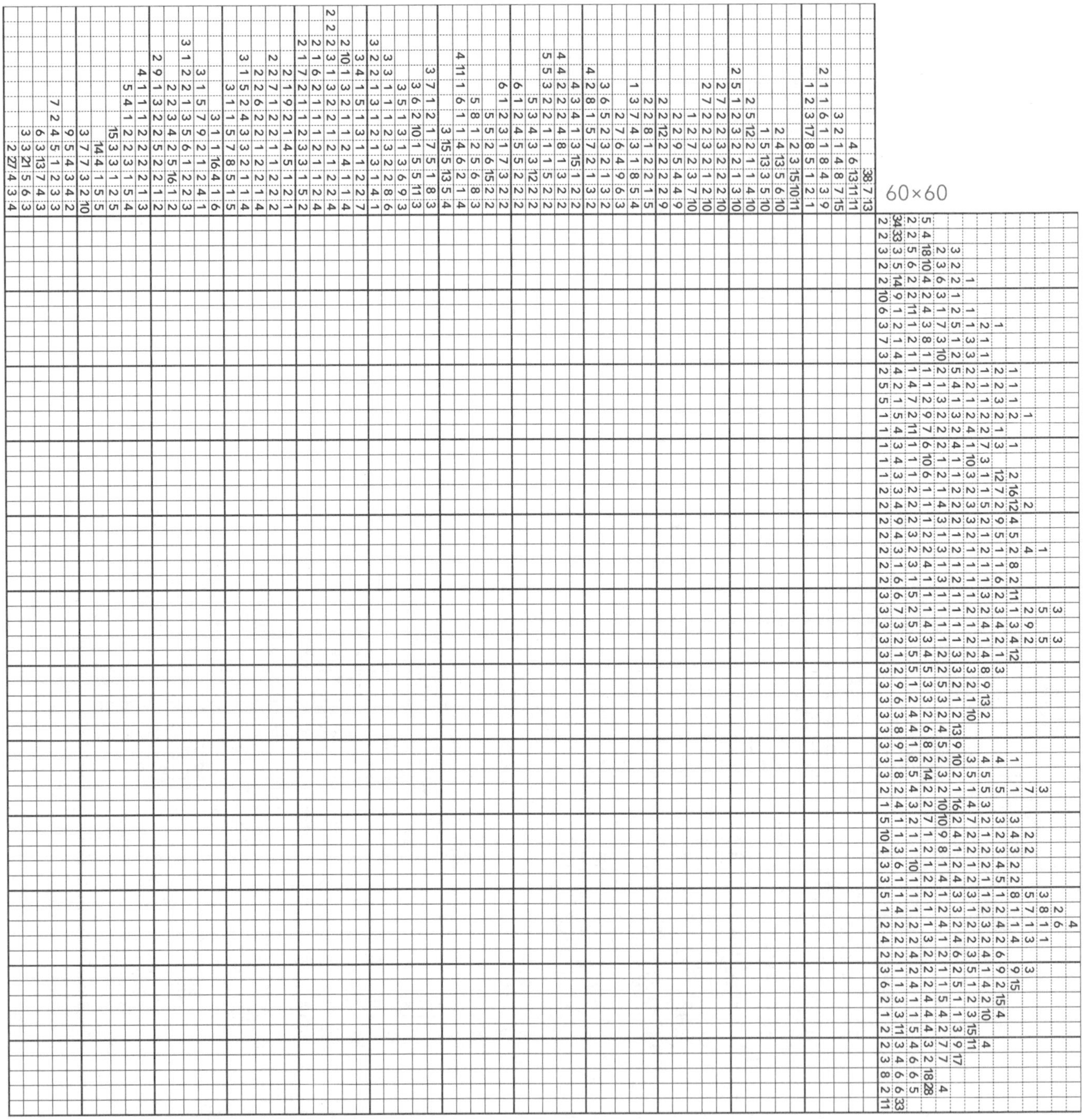

B65 부모님께 보여드리려고 열심히 준비했어요

난이도 ★★★☆☆

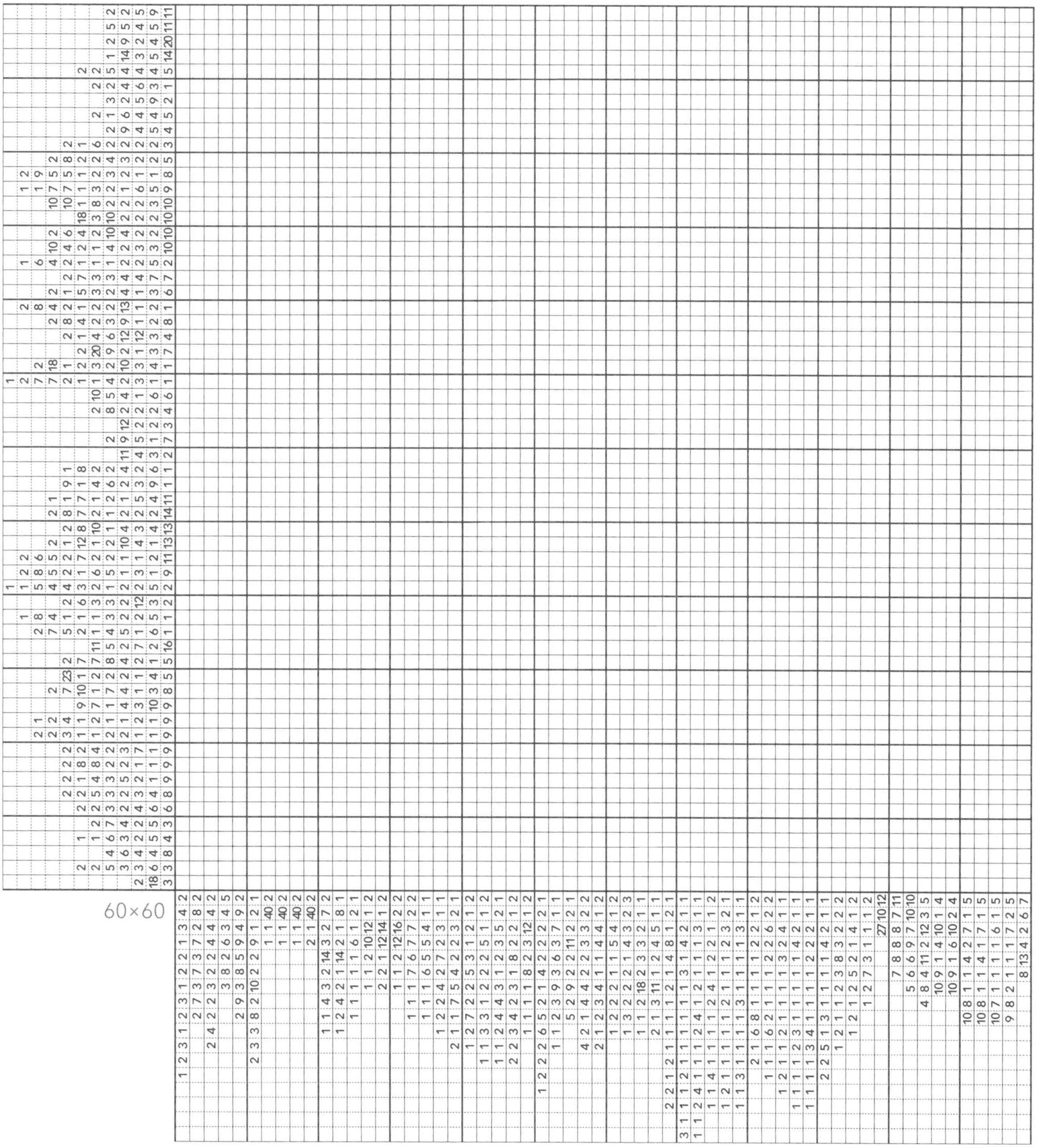

60×60

B66 아기가 잘 수 있도록 노래를 불러요

난이도 ★★★☆☆

60×60

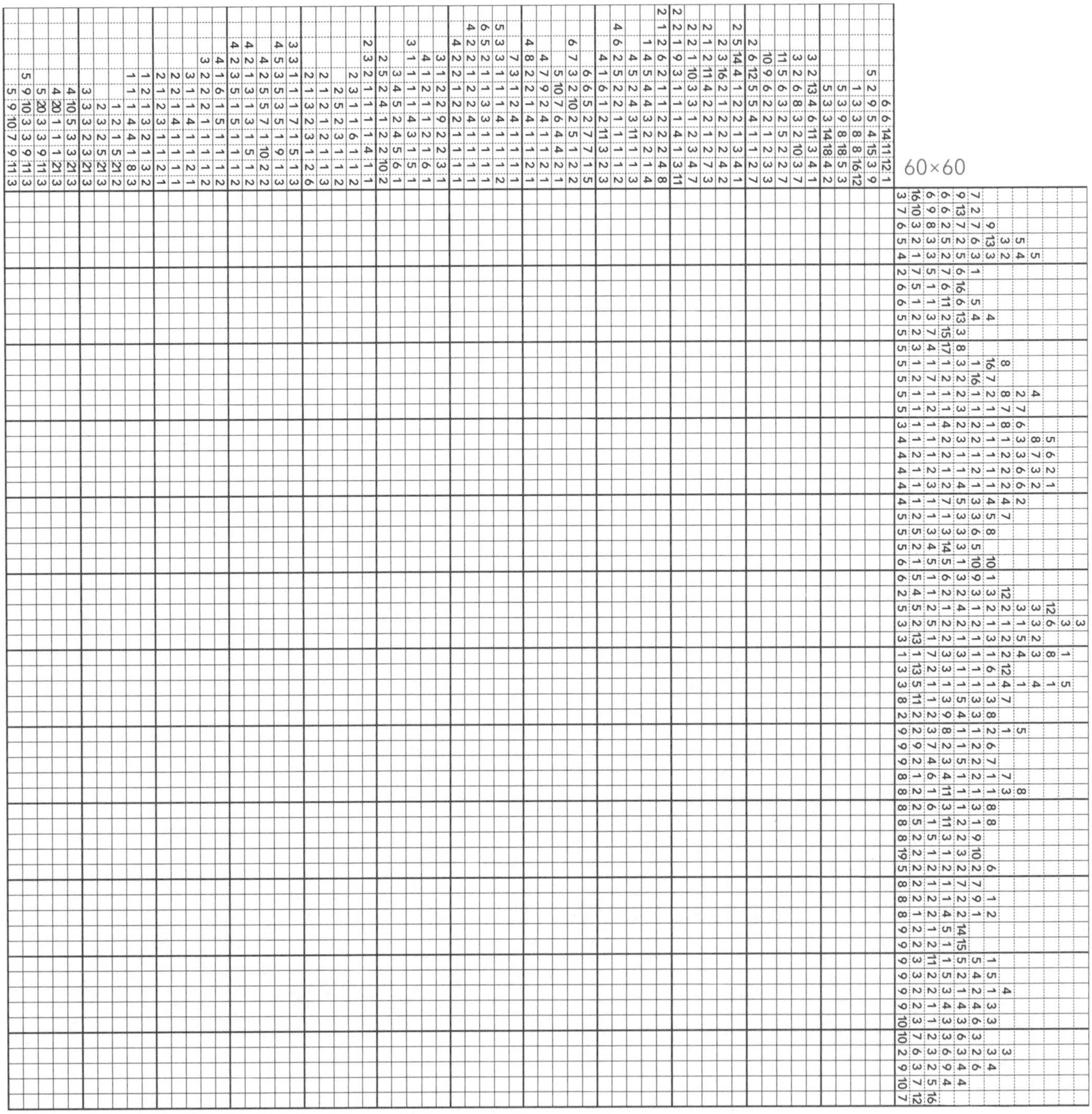

B67 화려한 부채와 한복!

난이도 ★★★☆☆

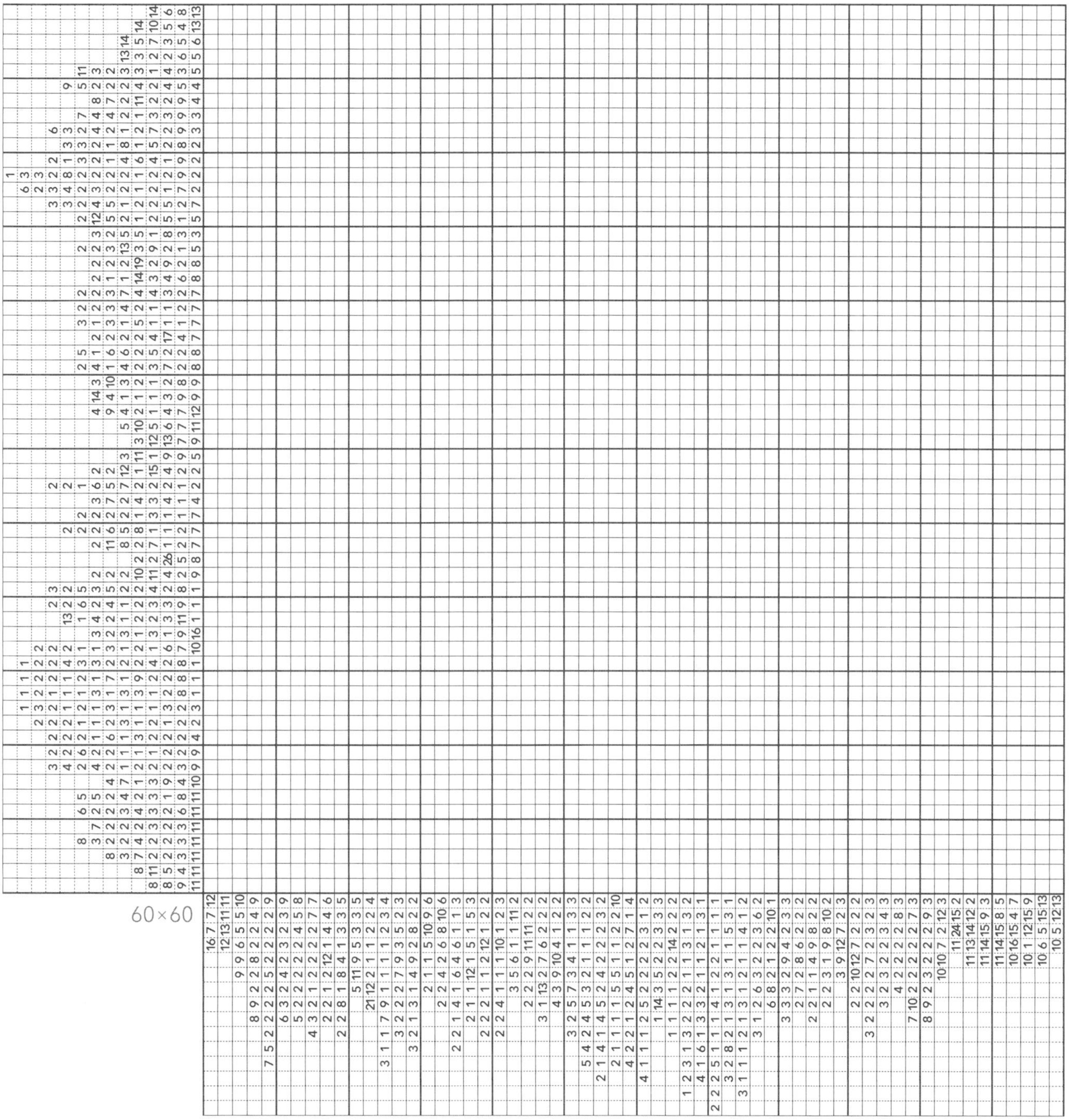

60×60

B68 높이 뛰면 친구가 넘어져요

난이도 ★★★★☆☆

65×65

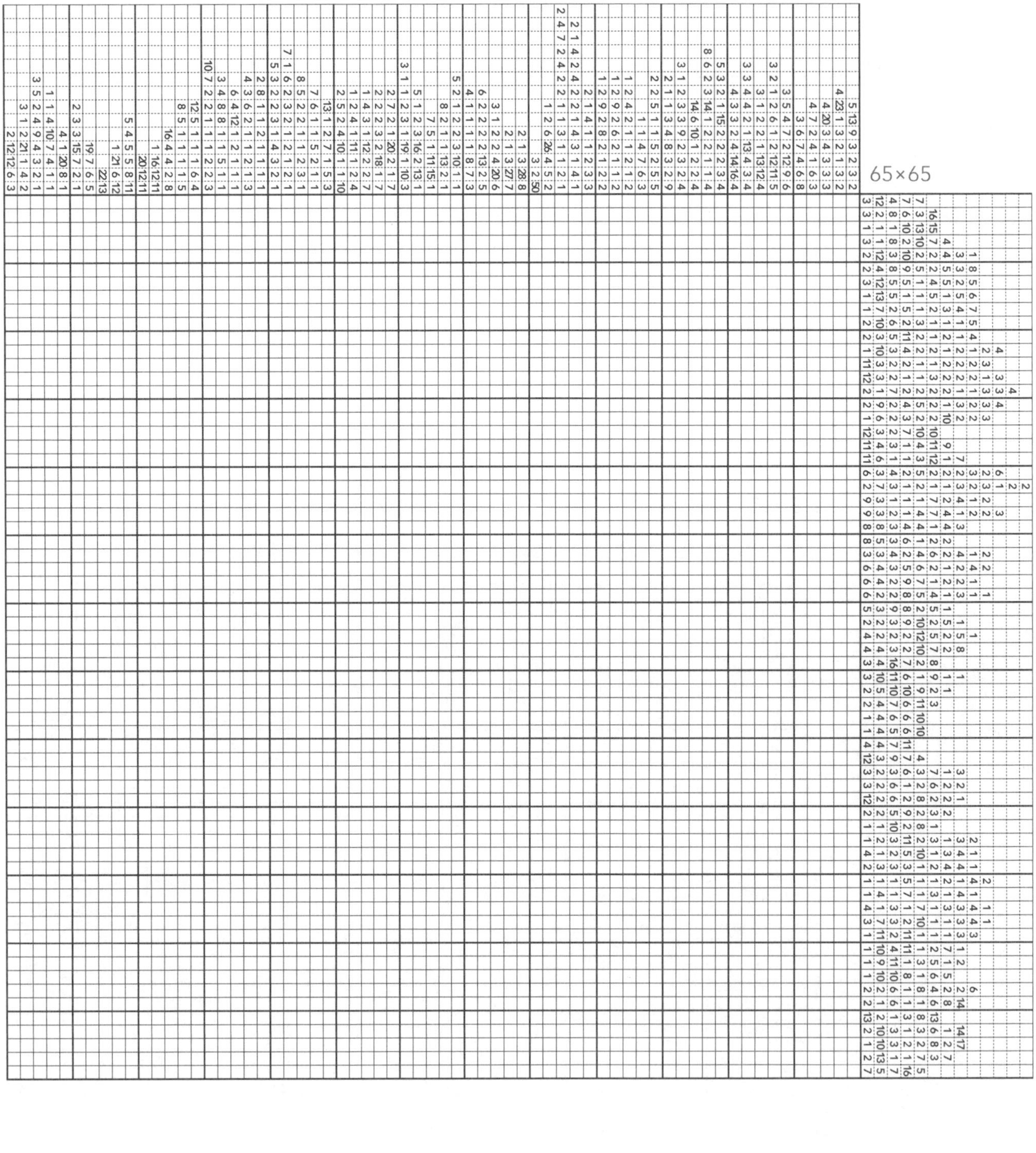

B69 방방? 콩콩? 봉봉? 퐁퐁?

난이도 ★★★☆☆

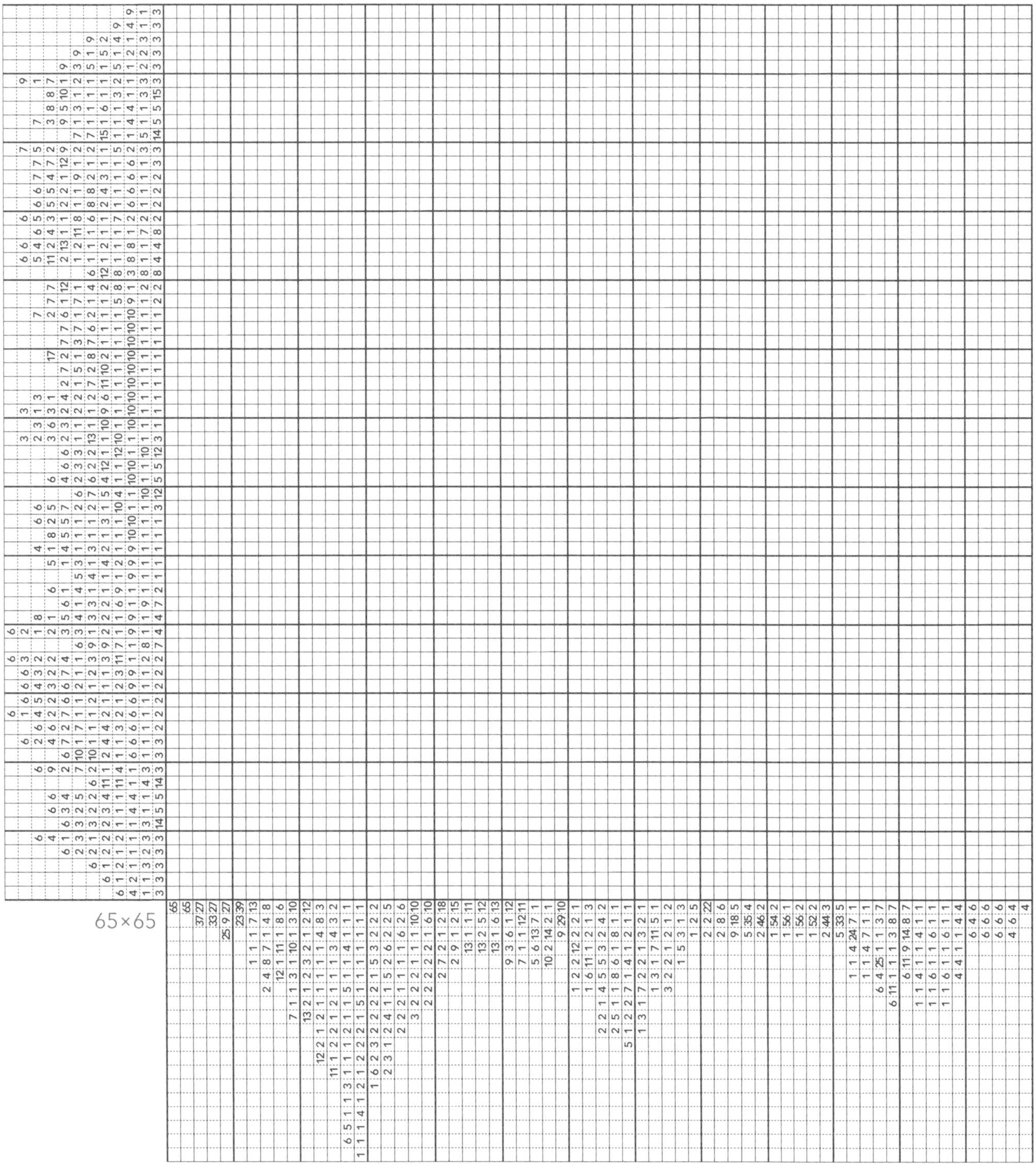

65×65

B70 늑대가 후~

난이도 ★★★★☆

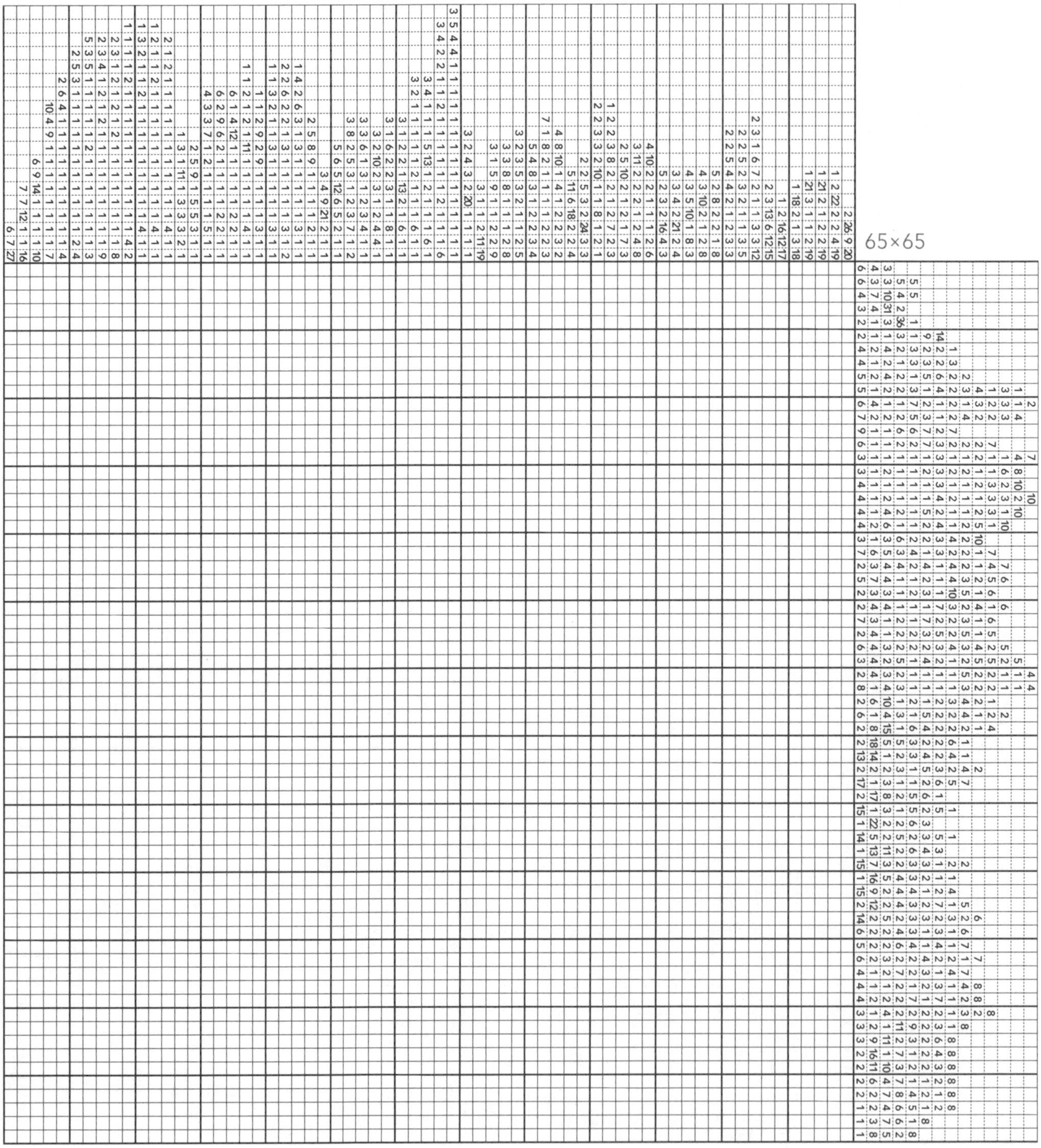

65×65

B71 길에서 노래를 불러요

난이도 ★★★★☆

65×65

B72 친구에게 잡히면 안 돼요!

난이도 ★★★★☆

65×65

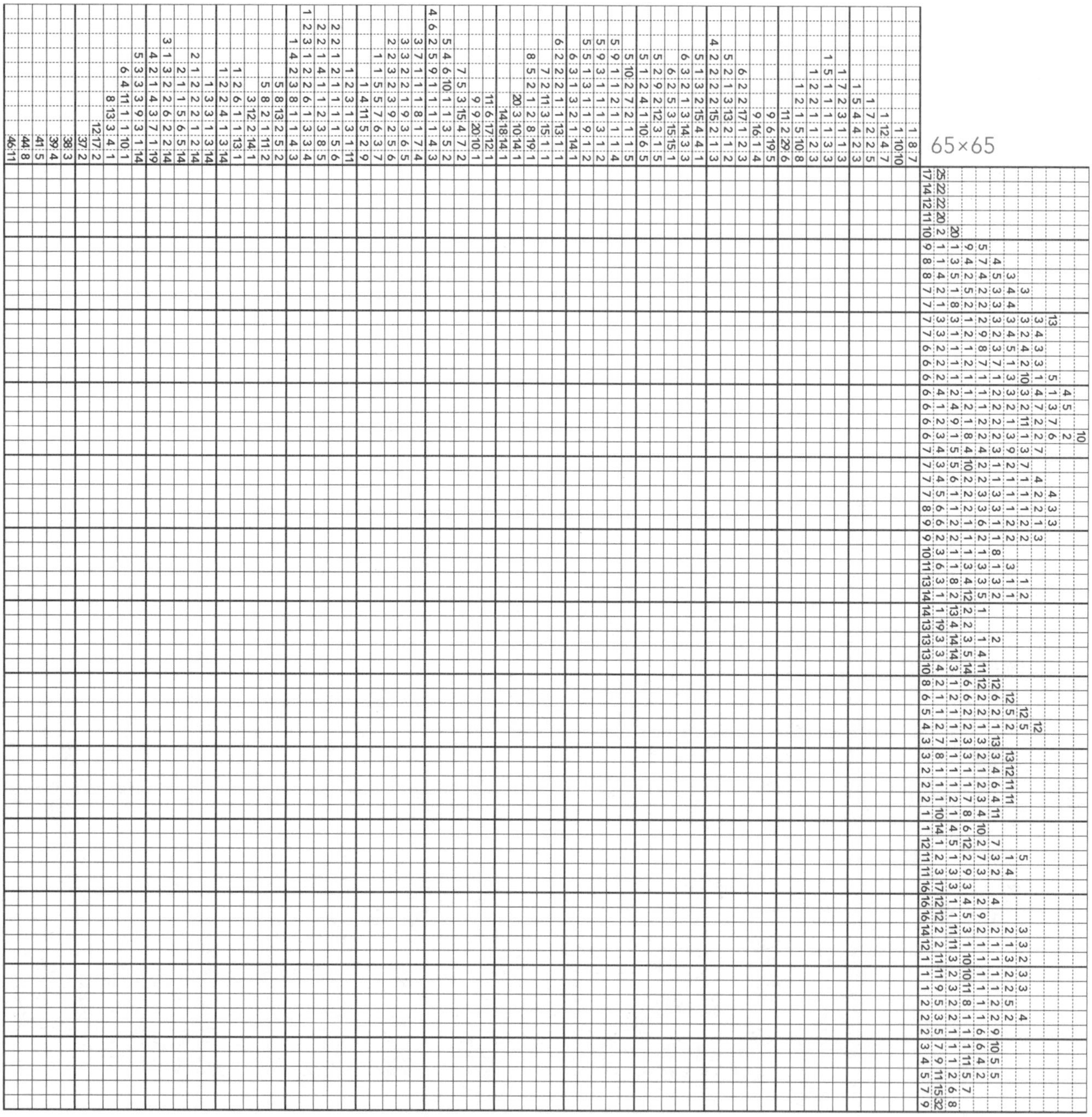

B73 도시락을 싸서 놀러 가요

난이도 ★★★★☆

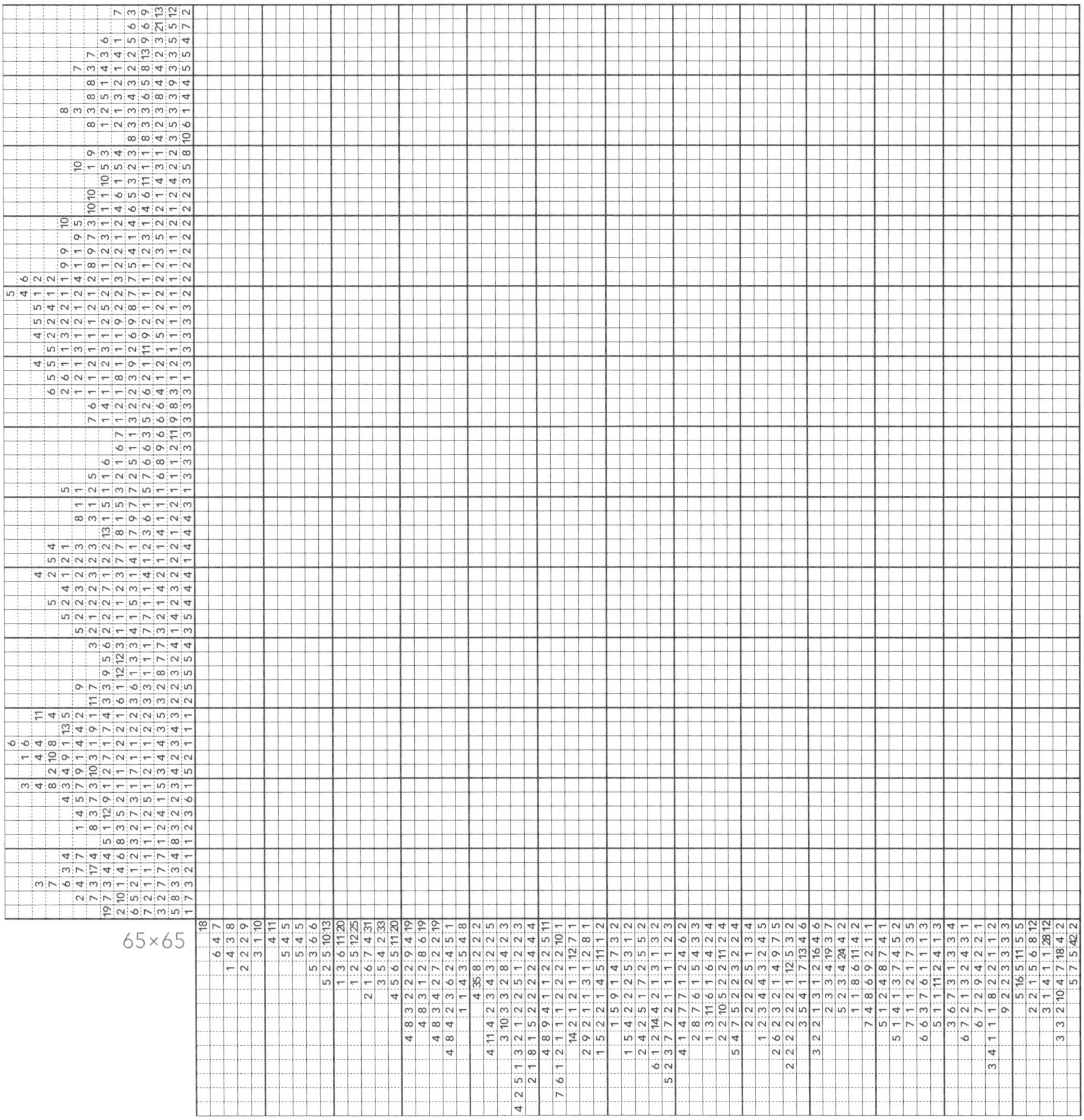

65×65

B74 상대편의 고를 눌러요!

난이도 ★★★★☆

65×65

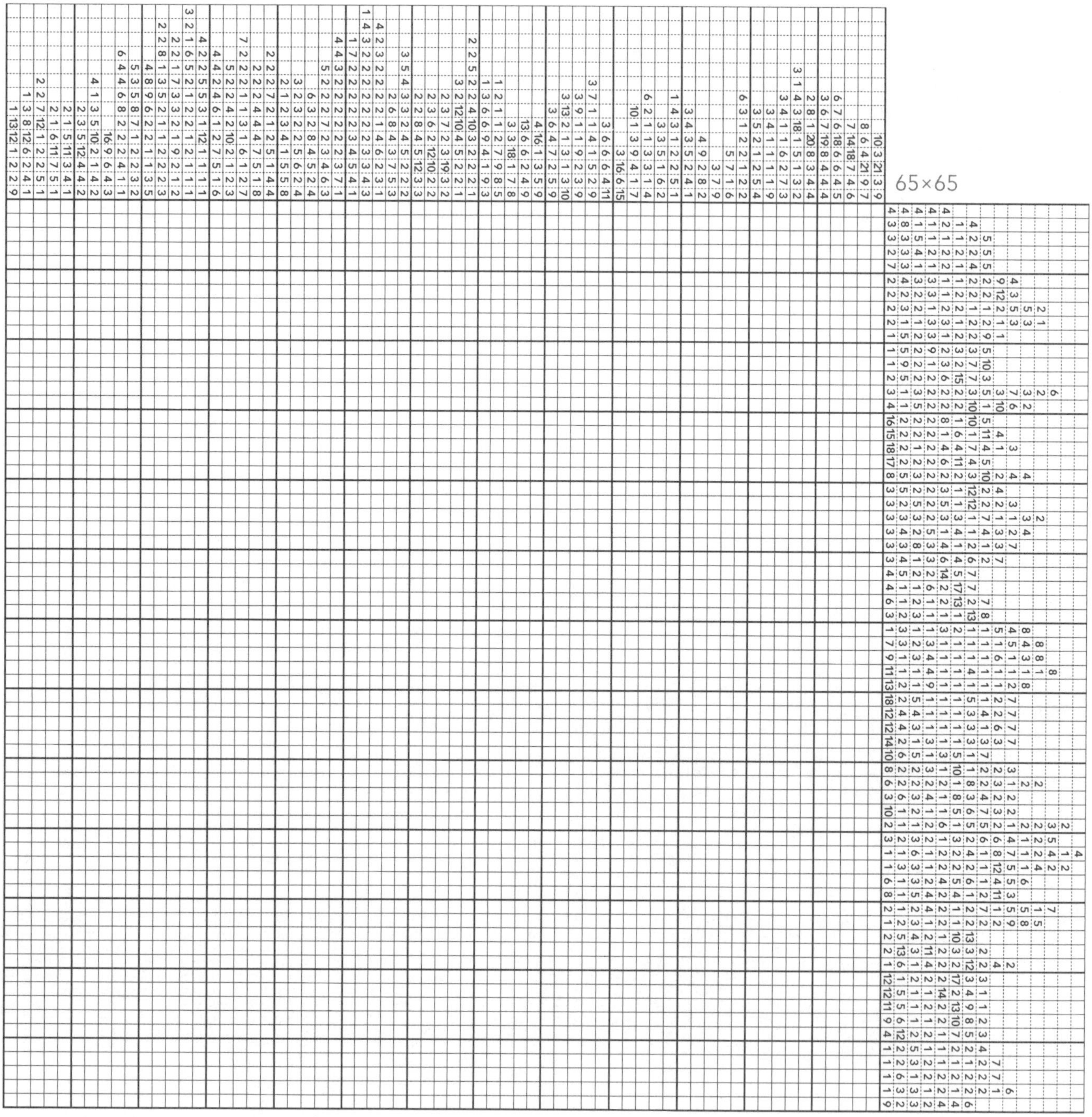

B75 정상에 올라서서 야호!

난이도 ★★★★☆

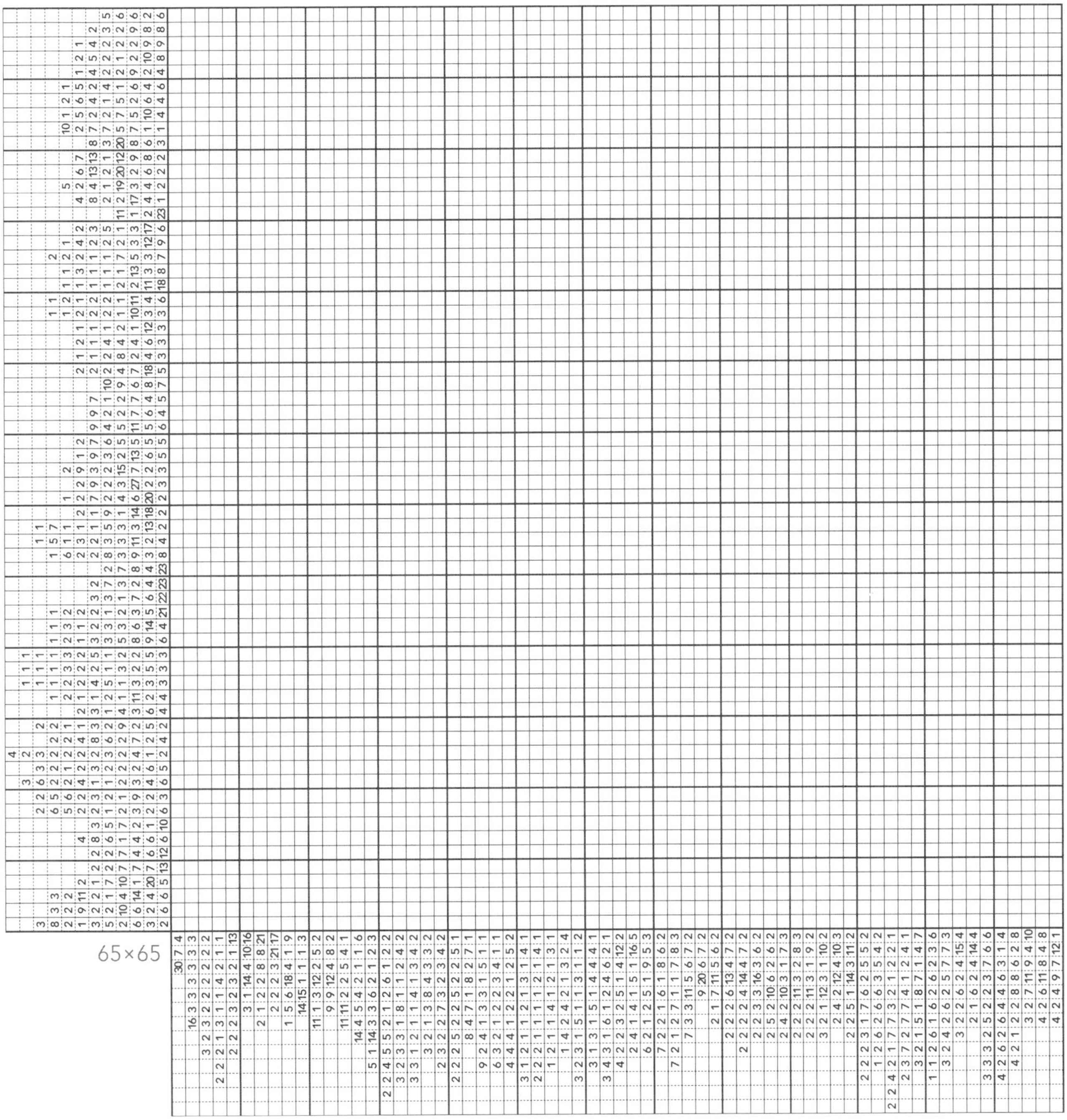

65×65

B76 맛있는 음식을 집에서 먹을 수 있어요

난이도 ★★★★☆

65×65

Column	Clues (top to bottom)
1	25 4 8
2	25 7 11
3	24 3 16
4	24 3 15
5	24 2 6 5
6	24 3 11 4
7	23 2 9 2 4
8	23 5 2 3 3 2 2 3
9	23 2 2 3 4 3 7 3
10	22 1 1 2 2 2 1 8 1 1 3
11	8 8 4 3 4 2 2 6 3 3
12	7 5 2 1 2 5 2 2 5 5 3
13	7 7 4 2 1 8 2 1 7 5 4
14	8 13 1 7 2 2 1 8 4
15	8 5 2 3 2 9 5 2 4 2 4
16	9 3 1 3 2 2 7 6 4 12
17	11 1 4 1 1 6 2 3 5 10
18	14 2 4 3 5 1 1 4 2 8
19	15 2 3 1 4 2 2 6 2 5
20	16 7 4 1 1 7 2 2
21	16 1 5 5 1 1 8 2 5
22	15 2 4 8 1 9 1 5
23	15 1 1 3 3 2 2 3 6 2 5
24	15 1 1 4 2 3 7 6 1 5
25	15 1 8 5 1 3 2 4
26	15 1 1 7 2 3 1 4
27	15 1 1 5 7 1 3 1 3
28	14 2 1 4 5 3 2 1 6 4
29	14 1 2 4 2 3 3 5 4
30	13 2 1 4 5 1 2 2 2 3
31	3 2 2 1 4 2 2 1 1 1 1 3
32	2 6 1 2 4 2 4 2 1 2 1 3
33	1 2 4 1 1 4 2 1 11 1 1 3
34	2 6 5 2 3 5 4 1 3
35	1 3 10 1 2 4 1 2 2 2
36	2 1 2 10 1 6 1 1 1 3
37	1 1 2 11 4 2 2 2 3
38	1 3 2 11 1 1 1 1 3
39	1 3 1 11 1 5 2 3
40	1 2 2 2 8 1 13 4
41	1 2 1 2 8 2 2 8 3
42	1 3 3 7 1 4 8 3
43	2 2 5 7 1 14 4
44	2 2 3 5 2 13 4
45	3 2 8 2 14 4
46	7 4 4 3 6 4 4
47	18 4 5 5 5
48	19 8 5 2 2 7
49	14 16 5 3 1 7 1
50	14 4 12 2 2 8 2
51	14 4 7 3 1 4 4 3
52	13 3 5 3 1 4 4 4
53	13 17 3 1 2 1 3 5
54	13 3 4 3 6 4 5
55	13 3 2 4 3 5 4 5
56	12 3 4 3 3 11 5
57	12 3 2 2 4 4 10 5 1
58	12 3 1 1 4 4 8 5 2
59	13 2 1 4 5 7 4 3
60	13 3 1 2 4 2 4 4 4 3
61	14 3 2 2 3 3 4 5 3
62	14 3 4 2 4 3 1
63	12 2 3 2 4 3 2
64	12 1 12 4 3 3
65	11 4 4 3 4

Row	Clues (left to right)
1	33 30
2	32 3 23
3	31 2 21
4	30 2 2 20
5	30 1 2 2 20
6	30 1 2 21
7	30 1 21
8	11 17 1 19
9	10 2 15 2 3 19
10	10 4 14 8 1 20
11	10 4 15 3 2 2 20
12	10 5 14 3 2 22
13	10 5 13 1 1 13 4
14	11 4 12 4 4 4 5 3
15	11 2 9 2 2 2 4 3
16	11 5 2 3 2 3 6 1
17	11 3 2 7 7 7 4
18	11 2 4 6 9 6
19	11 2 2 1 12 4 9
20	11 6 1 13 13 1
21	11 8 4 10 10 1
22	10 3 13 10 1 5 3 1
23	9 3 5 4 9 1 1 2 2 1
24	6 2 5 15 2 1 2 1 1
25	2 3 2 5 7 6 2 1 2 1 1
26	2 8 4 6 5 3 1 2 2 1
27	1 2 6 6 4 1 2 2 1
28	1 3 2 4 5 1 4 2
29	1 2 5 7 5 1 3
30	2 1 8 2 6 1 4
31	9 3 4 1 2 2 4 1 5
32	12 5 1 2 4 11
33	2 12 2 1 1 7 12
34	2 13 3 1 4 10 1
35	1 12 4 3 8 1
36	2 8 3 2 5 7 1
37	2 7 7 1 1 7 2
38	2 4 3 2 2 2 8 2
39	1 2 2 1 1 8 3
40	2 2 2 1 1 8 6
41	2 5 7 1 1 1 5 8
42	1 8 2 1 1 1 4 7 1
43	2 2 3 3 1 1 1 3 6 2
44	1 2 3 4 2 2 1 4 5 4
45	2 2 3 5 6 6 3 8
46	1 2 2 8 1 1 9 12
47	2 4 10 5 2 14 8
48	2 3 14 8 10 11
49	3 2 2 2 6 1 9 10
50	7 4 2 6 4 9 5 1 3
51	13 2 11 3 4 7 4
52	13 2 7 3 6 4 1
53	15 2 4 3 15 2
54	7 2 5 3 3 3 17 3
55	7 3 5 3 8 17 5
56	4 5 2 5 4 9 5 5
57	4 1 3 10 9 6 1
58	4 1 1 8 2 10 6 2
59	4 2 5 4 14 6 3
60	4 3 3 4 11 5 3
61	5 5 4 9 6 3
62	6 6 5 6 3 1
63	16 2 6 3 2
64	14 6 3 3
65	10 6 3 4

C77 손가락으로 콕콕!

난이도 ★★★★☆

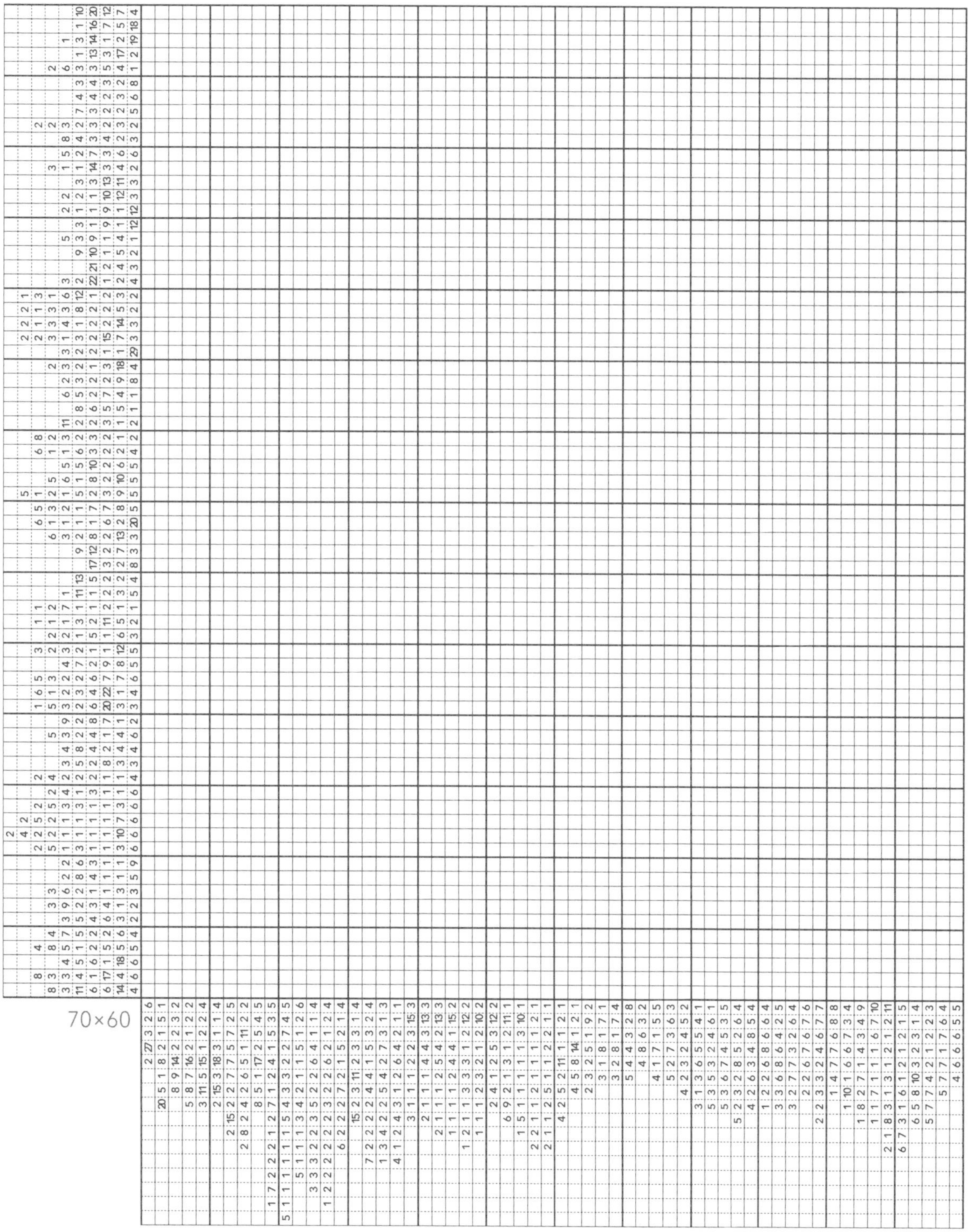

70×60

C78 엄마를 위해 요리를 했어요

난이도 ★★★★☆

70×60

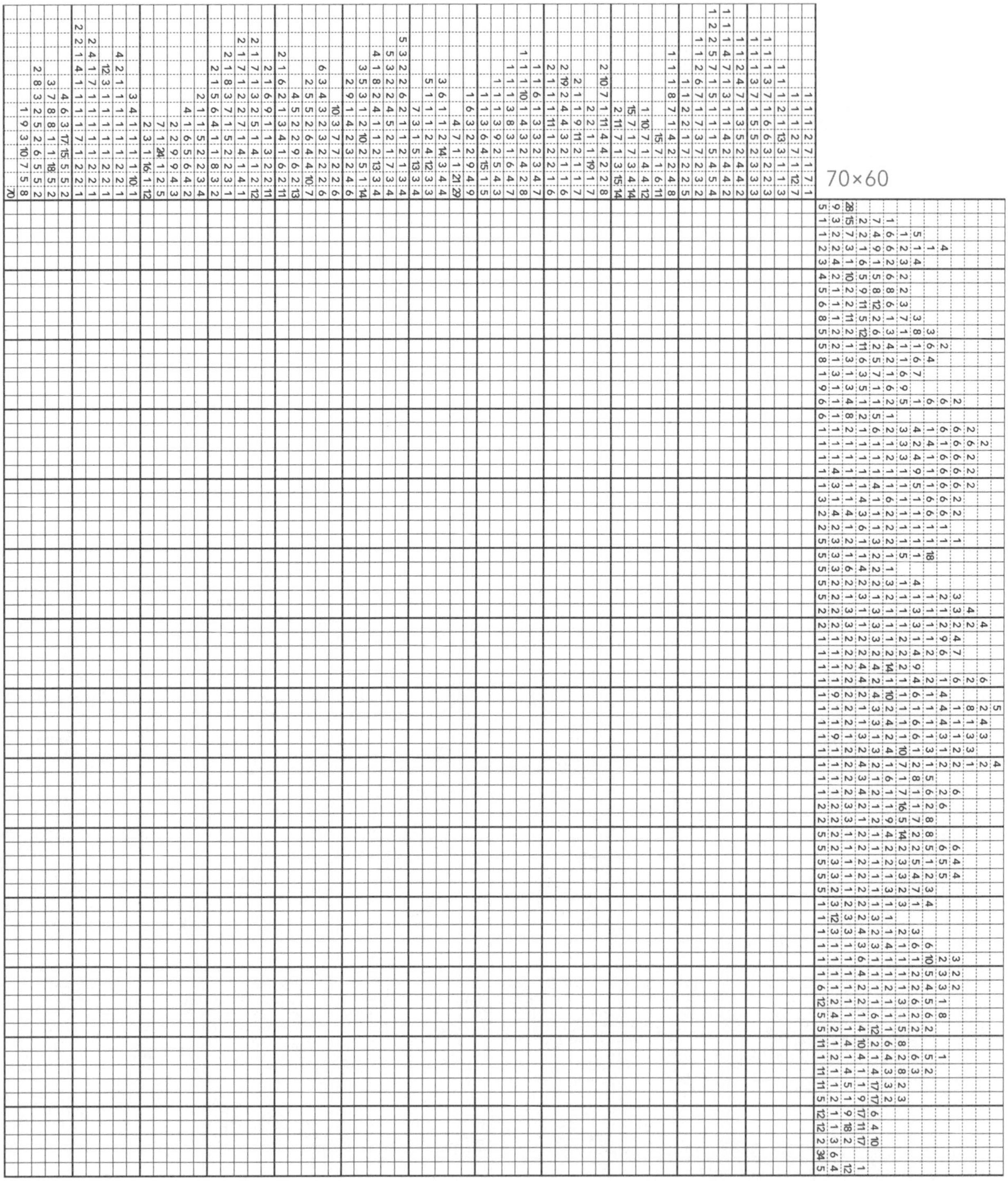

C79 친구가 돌려주는 줄을 넘어요

난이도 ★★★★☆

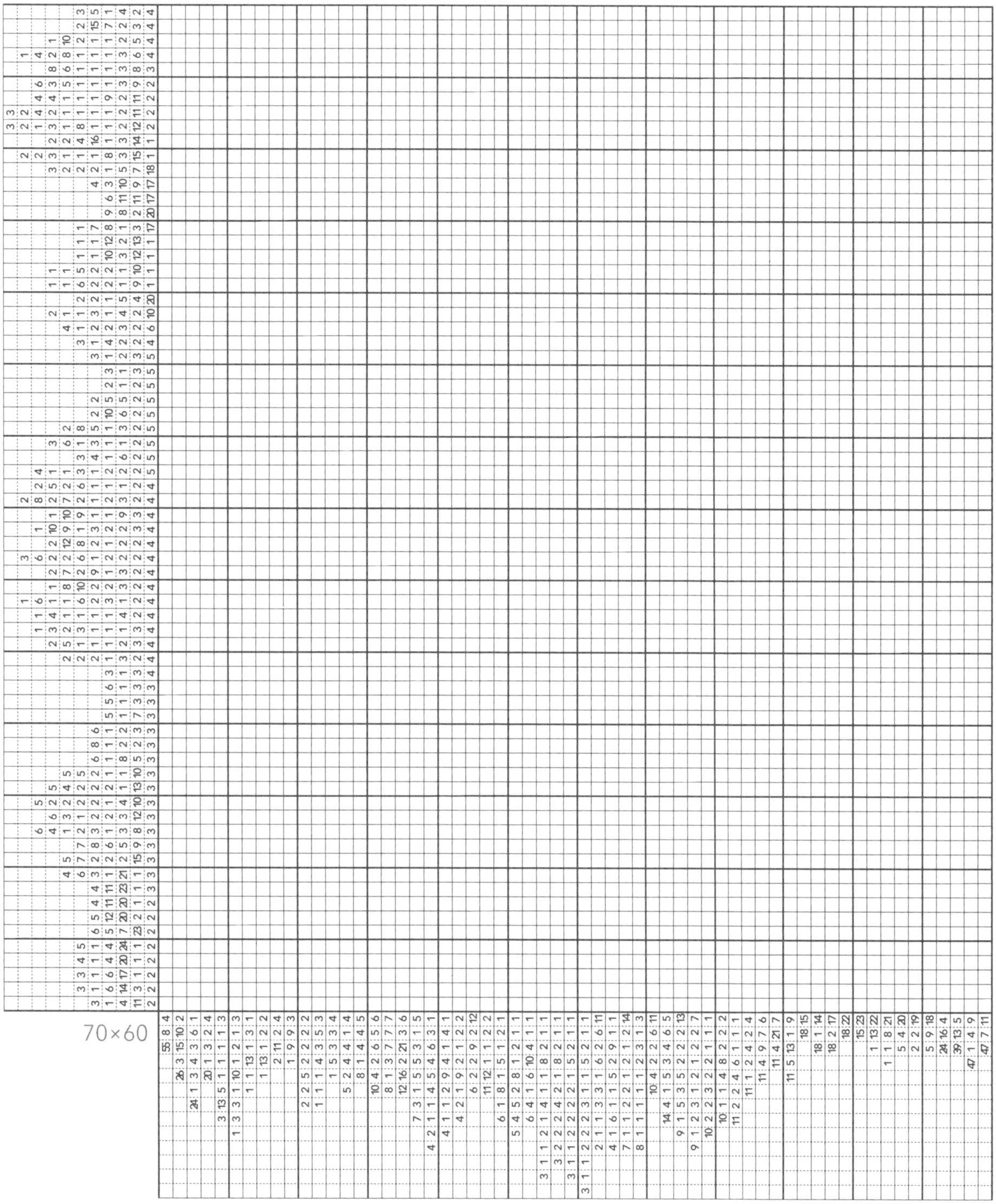

70×60

C80 건널목을 건너고 있어요

난이도 ★★★★☆

70×60

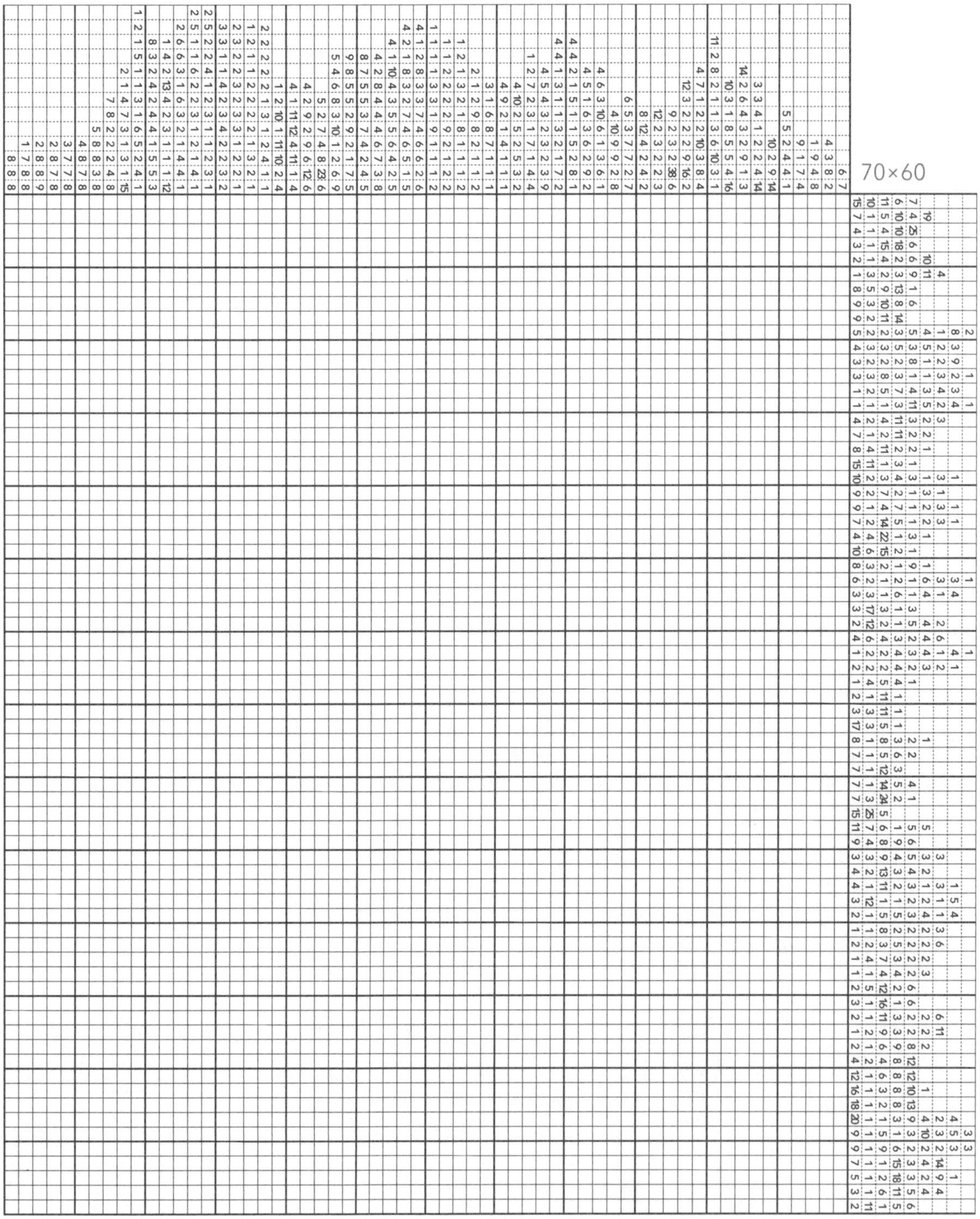

C81 순서대로 밟아야 해요

난이도 ★★★★☆

60×70

Column	Clues (top to bottom)
1	6 6 3 6 1
2	8 6 2 1 6 1
3	9 5 1 1 6 1
4	17 1 1 4 6 2 1
5	4 4 2 4 1 1 1 6 4 1
6	6 2 1 1 1 2 2 6 5 1
7	4 1 2 1 1 2 1 1 5 7 1
8	3 1 1 1 2 2 2 1 5 9 1
9	3 1 3 4 1 5 1 1 5 9 1
10	3 3 1 1 10 1 5 1 9 1
11	2 2 1 1 2 5 1 2 2 5 2 1 9 1
12	2 1 2 3 4 2 1 3 5 4 2 9 1
13	9 11 2 3 5 5 2 9 1
14	4 2 1 5 1 2 1 4 7 3 2 5 1
15	1 1 6 1 5 8 3 2 4 1 1
16	3 1 6 2 3 9 4 2 2 1 1
17	2 1 2 4 3 10 4 5 2 1 3 1
18	1 3 6 1 1 3 5 2 4 1
19	4 2 1 2 1 3 6 2 6 1
20	4 3 1 1 3 6 9 1
21	6 1 2 16 7 9 1
22	6 1 4 11 7 9 1
23	5 1 2 4 11 8 8 1
24	3 3 5 1 3 1 8 8 6 1
25	2 1 1 3 2 2 5 7 9 3 1 1
26	1 1 1 4 3 3 1 6 9 4 1
27	1 4 2 6 4 4 11 4 3 7 1
28	4 1 1 3 1 7 5 9 3 2 9 1
29	4 1 1 5 8 7 6 3 2 1 2 9 1
30	3 1 1 5 8 8 5 4 2 1 2 9 1
31	6 1 13 3 9 3 4 2 1 2 9 1
32	3 3 4 1 3 10 5 2 2 5 1 1
33	2 1 2 4 1 3 7 3 13 4 2 1 1
34	1 2 2 10 3 4 2 4 12 2 2 1 1
35	2 2 1 4 5 3 2 1 2 4 1 11 2 1 2 1 1
36	2 1 1 4 6 3 2 1 1 4 3 10 2 1 1 1 1
37	3 2 15 2 1 4 4 9 2 1 2 1
38	5 3 6 1 9 2 6 6 8 2 4 1
39	6 2 2 1 8 10 7 7 9 1
40	4 2 1 1 6 10 9 6 9 1
41	2 1 1 1 3 1 9 10 4 9 1
42	4 5 1 4 9 8 3 3 9 1
43	5 1 1 1 7 8 5 1 3 2 9 1
44	4 3 1 9 8 3 2 2 1 2 1 6 1
45	1 1 9 7 3 2 5 2 3 3
46	1 9 6 3 1 1 3 2 4
47	1 2 3 1 6 4 2 2 4 2 5 2
48	1 1 5 1 5 4 6 2 2 5 3
49	1 1 4 1 4 11 1 3 9 1
50	1 1 3 1 1 4 11 2 1 1 1
51	1 1 3 1 1 3 9 1 1 1 1 1
52	1 2 2 1 2 7 1 3 1 1 2
53	1 7 1 2 5 2 2 2 1 7
54	1 9 1 2 6 5 1 2
55	1 9 7 2 4 1 2
56	1 9 6 5 1 1
57	1 6 6 2 1 10 2
58	1 3 7 1 1 3 6
59	1 6 1 1 3 1 1
60	1 6 7 6

Row	Clues (left to right)
1	7
2	6 5 5 3
3	10 5 8
4	8 2 4 1 1 3 3
5	6 2 2 1 1 3 3
6	6 1 4 2 1 2 2 3
7	4 1 1 2 2 1 2
8	5 2 2 3 2
9	6 2 2 3 15
10	13 2 1 2 1 2 3
11	5 2 1 1 1 1 3 1
12	3 1 6 8 1 1 1
13	1 6 1 1 2 2
14	1 1 2 2 1 5
15	2 1 7 12
16	8 1 12
17	1 1 11
18	1 1 9
19	5 1 9 1 24
20	1 9 3 1 1 1 2
21	1 8 4 2 1 8 15
22	5 10 3 2 3 8 4 7
23	3 11 4 7 8 4 4 6 1
24	3 5 6 3 16 4 4 5 1
25	7 2 2 8 3 6 9 5 1
26	3 4 1 5 1 4 4 8 6 2
27	2 1 1 2 1 14 7 7 2
28	2 2 2 17 5 3 2
29	9 19 16 2
30	3 2 2
31	2 2 31 2
32	3 2 29 2
33	2 1 3 2 9 13 2
34	1 1 3 2 3 11 12 2 2
35	6 1 5 6 10 3 3
36	2 3 4 8 10 4 2
37	1 3 1 1 1 7 8 5 2
38	5 1 1 2 3 8 7 2
39	3 5 2 12 8 2
40	4 3 3 9 9 2
41	3 1 4 4 6 11 2
42	3 1 11 3 5 3 2
43	3 1 11 6 6 2
44	2 2 11 8 5 2
45	3 15 11 3 2 3
46	2 3 8 2 7 2 8 1 1
47	3 2 7 5 6 3 3 1
48	2 3 6 8 11 1 1
49	3 10 10 3 2 5
50	2 9 13 2 12 1
51	3 7 5 6 2 4 1 5 1
52	2 6 7 11 6 1 2 1
53	3 4 8 12 2 3 2 1
54	3 4 10 8 2 2 2 2
55	3 2 11 3 9 2 5 1
56	3 14 10 2 2
57	3 32 2 1
58	3 35 2 1
59	3 2 1
60	3 18 18 2 1
61	4 18 18 11
62	3 7 6 7 7 3 1
63	4 7 3 6 7 3 6 1 1 1
64	3 11 6 6 6 1 1 1 1
65	3 11 7 6 4 7 2 1 1 4
66	2 11 7 6 3 6 1 1 1 1 1
67	1 11 7 6 7 1 2 2 1 1
68	1 19 19 2 1 3 1 1
69	1 7 4 1
70	45 1 2 4

C82 탕! 탕! 탕! 무엇이 완성될까요?

난이도 ★★★★☆

60×70

Column	Clues
1	28 8 6 3 7
2	22 2 8 2 5 2 2 6
3	17 2 7 1 7 2 2 5
4	16 2 7 2 10 2 4
5	13 2 7 1 6 2 4
6	10 2 6 1 6 2 3
7	9 1 6 2 6 2 3
8	8 1 6 1 7 6 3
9	7 4 5 1 6 6 3
10	7 5 5 2 5 6 3
11	5 1 6 5 1 6 3 3
12	4 1 12 1 5 2 4 5 10
13	4 1 4 6 2 5 1 6 6 3
14	4 1 2 6 2 6 2 1 5 5 2
15	1 1 1 4 2 6 1 1 3 6 2
16	1 1 1 3 2 7 2 1 3 6 1
17	1 1 1 1 3 4 7 1 1 2 9
18	1 1 1 2 5 7 3 3 5 3
19	2 1 1 1 2 6 7 2 2 2 1 5
20	5 1 1 2 2 5 1 3 1 1 1
21	2 1 11 5 5 1 3 2 2 2
22	4 13 5 1 1 1 1 2 1 1 3
23	4 13 4 1 1 2 1 2 2 6 4
24	2 11 5 1 2 1 2 1 4 2 3
25	3 2 2 6 1 2 2 5 2 4
26	4 2 1 5 1 2 3 2 1 3 5 1
27	4 2 1 6 1 1 1 1 2 3 2
28	4 2 1 1 2 2 2 3 1 3 8
29	3 4 3 1 1 1 3 3 2 1 3 8
30	2 2 3 3 4 2 7 6 3 8
31	1 4 11 2 5 2 2 2 2 8
32	2 4 10 1 2 2 3 3 8
33	1 4 9 2 1 1 3 8
34	5 4 9 1 1 5 8
35	7 5 9 2 2 4 8
36	6 20 1 2 1 8
37	7 1 3 10 1 2 4 2 8
38	7 1 1 6 2 1 1 2 3 8
39	6 2 4 4 1 1 1 4 1 8
40	6 2 2 2 1 2 1 2 1 5 5 1
41	6 1 2 1 8 1 1 12 5 1
42	6 1 3 2 1 13 2 12 5 1
43	6 2 3 1 19 21 1
44	6 2 1 4 13 15 1 1
45	6 1 2 2 1 10 2 16 1 1
46	6 2 2 1 8 18 1 1
47	7 4 2 2 7 17 1 1
48	6 6 3 1 6 17 1 2
49	6 4 3 2 9 18 6
50	5 3 3 12 28 1
51	10 2 5 4 1 19 5 1
52	7 1 4 2 19 5 1
53	5 1 30 1
54	3 2 21 2 1
55	21 23 1 1
56	2 22 1 1
57	2 1 12 1 1
58	5 5 5 4 7 4 1 1
59	5 5 5 8 2 6
60	5 5 5 50

Row	Clues
1	14 2 11 1 3
2	14 2 15 1 3
3	14 1 16 1 3
4	22 17 1 3
5	11 4 17 1 3
6	10 2 18 1
7	23 5 5 1
8	8 2 4 2 1 3
9	7 2 3 10 1 3
10	6 2 2 6 7 1 3
11	5 2 1 4 5 6 1 3
12	5 2 8 4 3 2 1 3
13	5 2 9 2 1 1 2 1
14	4 2 7 1 2 1 2 1
15	4 2 3 1 2 1 3
16	4 9 1 2 1 2 1 3
17	3 2 3 2 1 2 4 1 3
18	2 1 3 1 2 4 2 3 1 3
19	2 1 3 10 2 2 3 3
20	2 2 4 11 3 5
21	2 1 2 4 17 10
22	2 1 5 4 10 2 5 4
23	1 1 4 6 9 3 6 3
24	1 1 3 5 8 6 2 3
25	1 4 4 7 2 3 2
26	1 3 5 7 3 2 2
27	2 3 3 3 8 3 2 2
28	4 4 3 3 4 1 5 3 2
29	4 4 5 9 1 11 1
30	9 7 6 4 11 1 1
31	4 2 6 3 14 1 1
32	3 2 5 3 10 1 1
33	5 9 2 12 1 1
34	5 2 7 3 1 1
35	3 1 8 2 1 1
36	19 1 1 1 2 4 4 4 1
37	19 7 1 3 3 3 1
38	19 1 5 5 3 5 1
39	19 7 2 6 7 1
40	19 1 3 2 2 2 9 1
41	8 6 4 4 1 2 12
42	5 3 4 6 4 15
43	2 4 3 4 7 14 1
44	4 3 8 2 14 1
45	3 4 5 6 14 1
46	2 9 1 3 2 15 1
47	1 7 3 3 20 1
48	3 2 10 17 1
49	4 3 7 4 17 1
50	6 3 6 3 16 1
51	8 9 3 16 1
52	8 6 5 16 1
53	9 3 2 1 16 1
54	11 3 1 17 1
55	12 3 4 17 1
56	1 11 3 3 2 17 1
57	1 12 3 2 17 1
58	2 8 4 1 11 1 1
59	2 6 10 1 1 1 1
60	2 3 4 11 1 1 1 1
61	1 5 6 1 4 1 1 1 1
62	2 5 1 2 1 1 1 1
63	3 3 1 1 2 16 4 1
64	1 3 3 1 2 2 16 4 1
65	2 6 1 1 1 33
66	3 3 1 2 2 16 6 2
67	5 1 1 4 15 5 2
68	13 1 5 12 1 2
69	15 1 5 13 2 2
70	16 5 35

C83 몸을 쭉 펴고 주변을 감시해요

난이도 ★★★★☆

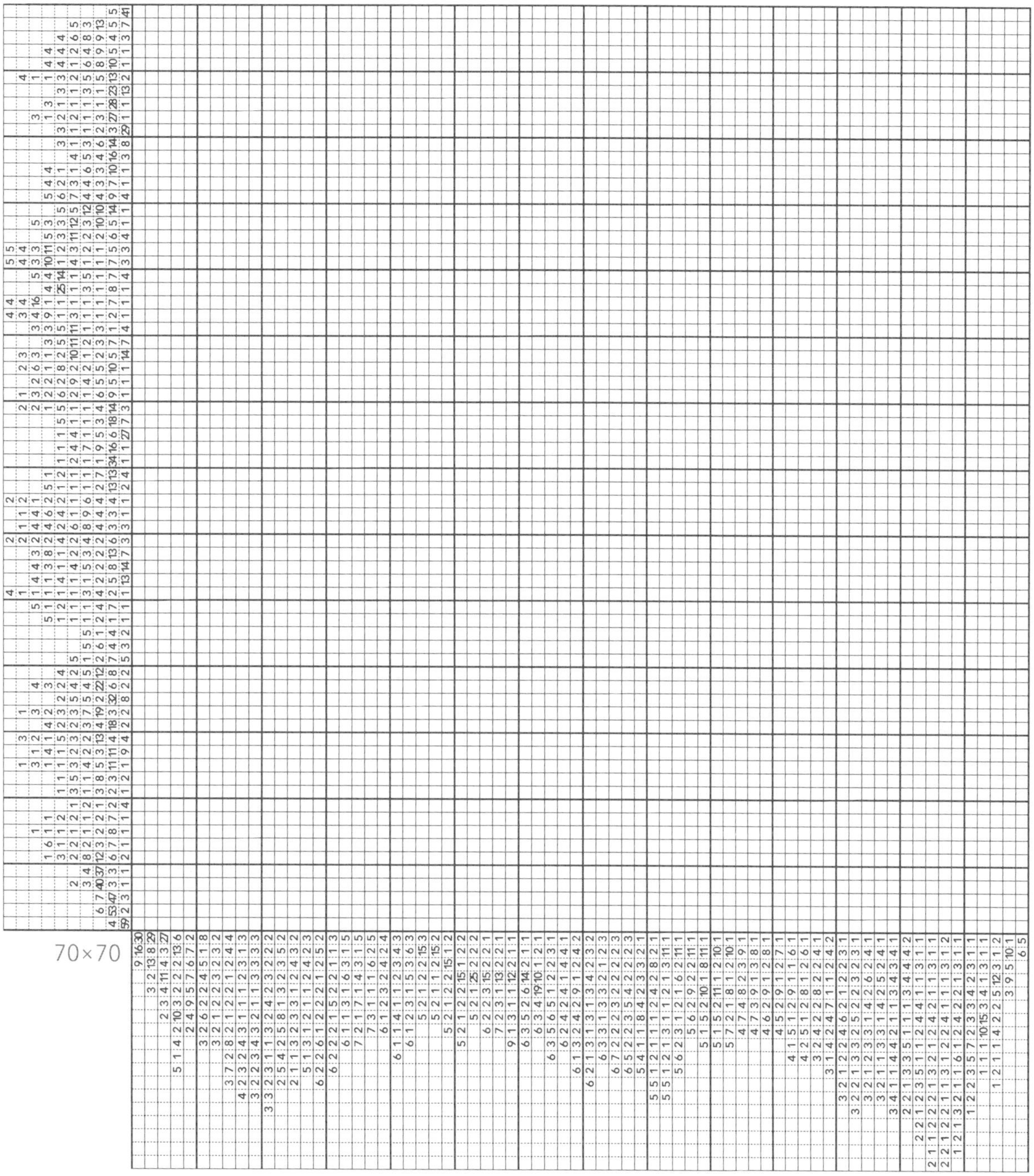

70×70

C84 이불 속에서 귤을 까먹어요

난이도 ★★★★☆

70×70

열	힌트
1	17 3 1 3 1 25
2	3 3 1 3 1 3 2 16 4
3	6 3 3 1 3 1 2 1 3 14 1 3
4	6 5 1 1 1 1 1 1 2 6 13 2 3
5	6 4 1 1 1 1 1 4 1 3 14 1 3
6	6 3 1 1 1 1 1 4 1 3 13 1 2
7	7 3 3 1 3 4 1 3 11 2 1 3
8	8 3 3 1 2 5 1 3 10 4 3
9	7 3 3 1 2 5 1 3 10 4 3 2
10	6 3 1 5 1 3 10 2 1 6
11	5 18 1 3 11 1 1 4 1
12	5 3 1 7 9 7 1 1 3 1
13	6 7 3 1 2 4 6 3 3 1 1 2 1
14	3 2 4 3 1 2 4 2 2 4 2 2 2 2 1
15	6 1 3 3 1 2 3 1 3 5 3 5 2 1
16	4 1 1 3 1 1 1 2 3 2 2 5 2 2 2 2 1
17	3 1 2 3 1 1 1 2 2 1 3 5 3 1 2 3 2
18	2 1 2 3 1 1 1 2 4 3 6 6 2 3 3
19	1 2 6 3 1 3 1 1 10 7 1 7
20	3 1 1 1 3 3 1 3 1 3 3 6 1 3 3
21	4 1 1 2 3 3 1 3 1 4 8 1 3 1
22	4 1 1 3 3 1 3 1 3 15 1
23	3 2 4 1 5 4 8 1
24	4 19 7 3 3 1
25	5 3 3 3 2 3 2
26	3 4 2 2 3 1
27	2 3 3 2 3 1
28	3 3 2 2 2 3 3
29	2 8 1 2 6 4 2 1
30	13 2 10 4 4 4 4 1 2
31	1 2 12 1 4 4 4 1 1
32	11 1 1 6 1 2 1 1 6 3 2 2
33	11 1 2 7 3 2 2 9 3 1 1
34	11 1 1 5 3 1 4 8 5 1 1
35	11 1 1 4 1 2 2 7 2 2 1 1
36	11 1 2 6 3 1 1 10 2 3 2
37	11 1 2 6 2 1 1 8 3 3 2
38	11 1 1 7 1 1 1 6 2 2 2
39	11 1 1 7 1 2 1 5 3
40	11 1 1 8 3 2 5 2
41	11 1 2 8 3 1 4 3
42	11 1 3 7 1 1 4 3
43	1 3 8 6 4 3 3 7
44	11 1 3 11 6 5 1 5 9
45	11 1 3 8 4 8 1 3 1 7
46	11 1 4 6 4 2 6 1 1 1 1 1 7
47	11 1 4 11 3 6 1 1 1 1 1 7
48	11 1 5 8 8 1 1 2 1 7
49	11 1 6 4 6 2 3 2
50	11 1 7 2 7 4 7
51	11 1 8 2 1 3 5 2 2
52	11 1 10 3 2 1 2 5
53	11 1 3 6 2 1 1 2 3
54	11 1 2 1 7 2 1 2 2
55	1 3 11 4 1 4
56	13 18 4 2 2 4
57	19 5 3 2 3 2
58	4 20 10 2 2 1
59	3 1 22 9 2 3 2
60	3 1 12 9 10 5
61	2 1 11 1 9 8 4
62	1 1 11 12 6 4
63	1 1 4 20 6 3 2
64	1 13 1 20 6 2 1 2
65	1 14 18 3 5 2 4
66	1 1 21 1 2 6 1 2
67	2 1 15 6 4 6 2
68	3 1 2 13 1 10 5 3
69	3 8 6 7 12 6 4
70	4 5 1 19 10

행	힌트
1	1 1 2 2 1 11 11 1 7
2	1 1 3 3 1 11 11 1 2 2
3	1 16 1 11 11 1 1 1
4	1 12 4 1 11 11 1 2 2
5	1 11 2 1 11 11 1 1 1
6	1 10 3 3 1 1 11 11 1 2 2
7	1 6 3 1 1 1 11 11 1 1 1
8	1 7 2 3 3 1 11 11 1 1 1
9	1 7 3 3 1 1 11 11 1 13
10	1 6 1 1 11 11 1 2 1
11	1 2 1 1 1 1 1 11 11 1 2 1
12	1 1 1 5 2 1 1 2 1
13	1 2 1 2 1 27 2 1
14	1 2 2 1 2 2 1
15	25 12 2 2
16	25 21 2 2
17	25 5 18 2
18	1 1 3 8 7 2
19	9 1 10 1 2 5 1 10
20	3 3 1 3 4 1 2 5 13
21	9 1 10 1 2 7 21
22	1 1 1 12 13 6
23	24 2 14 11 1 5
24	1 1 2 16 12 6
25	9 1 10 1 1 4 11 18
26	3 3 1 10 3 5 12 16
27	7 1 4 2 4 10 15 1
28	11 2 4 9 15
29	24 3 6 6 9
30	12 1 2 7 4 2 2 5 1 8
31	12 3 1 3 2 2 1 2 5 9
32	11 2 1 1 3 2 1 2 1 3 15
33	1 1 3 2 2 3 2 4 15
34	13 2 1 3 5 5 11 2
35	1 1 3 2 5 1 1 7 10 1 1
36	1 1 5 1 3 2 3 5 2 10 2
37	15 1 1 3 3 6 2 12
38	14 4 2 6 2 1 12
39	13 4 2 4 2 2 11
40	1 1 6 6 2 2 2 10
41	1 1 6 2 2 2 1 1 1 2 4 4
42	19 1 2 3 1 2 1 3 1 3
43	18 1 1 2 4 1 2 3 4
44	16 1 1 2 1 2 6 7
45	12 2 1 2 1 3 2 6
46	11 2 1 4 3 3 4
47	11 4 2 6 6 3 2
48	12 5 1 21 4
49	22 25 4
50	22 23 7
51	13 1 6 22 10
52	7 2 5 3 7 4 13
53	6 1 8 2 3 1 14
54	7 7 2 7 2 6 1 15
55	3 1 4 2 5 1 1 1 18
56	2 2 1 1 3 2 6 5 2 5
57	4 2 10 2 1 3 2 2
58	1 15 8 1 4 3 2 1
59	1 10 2 3 3 2 2
60	1 17 7 2 2
61	2 3 11 3 2 3
62	3 3 3 6 6 2 6 2
63	5 4 3 2 2 12 2
64	18 10 3 9
65	17 4 3 6 4 1 4
66	6 7 2 7 6 1 2 2 2 2
67	2 3 4 2 6 1 2 3 1 2
68	2 3 3 6 3 4
69	10 3 3 9 2
70	7 6

C85 아픈 동물들을 치료해요

난이도 ★★★★☆

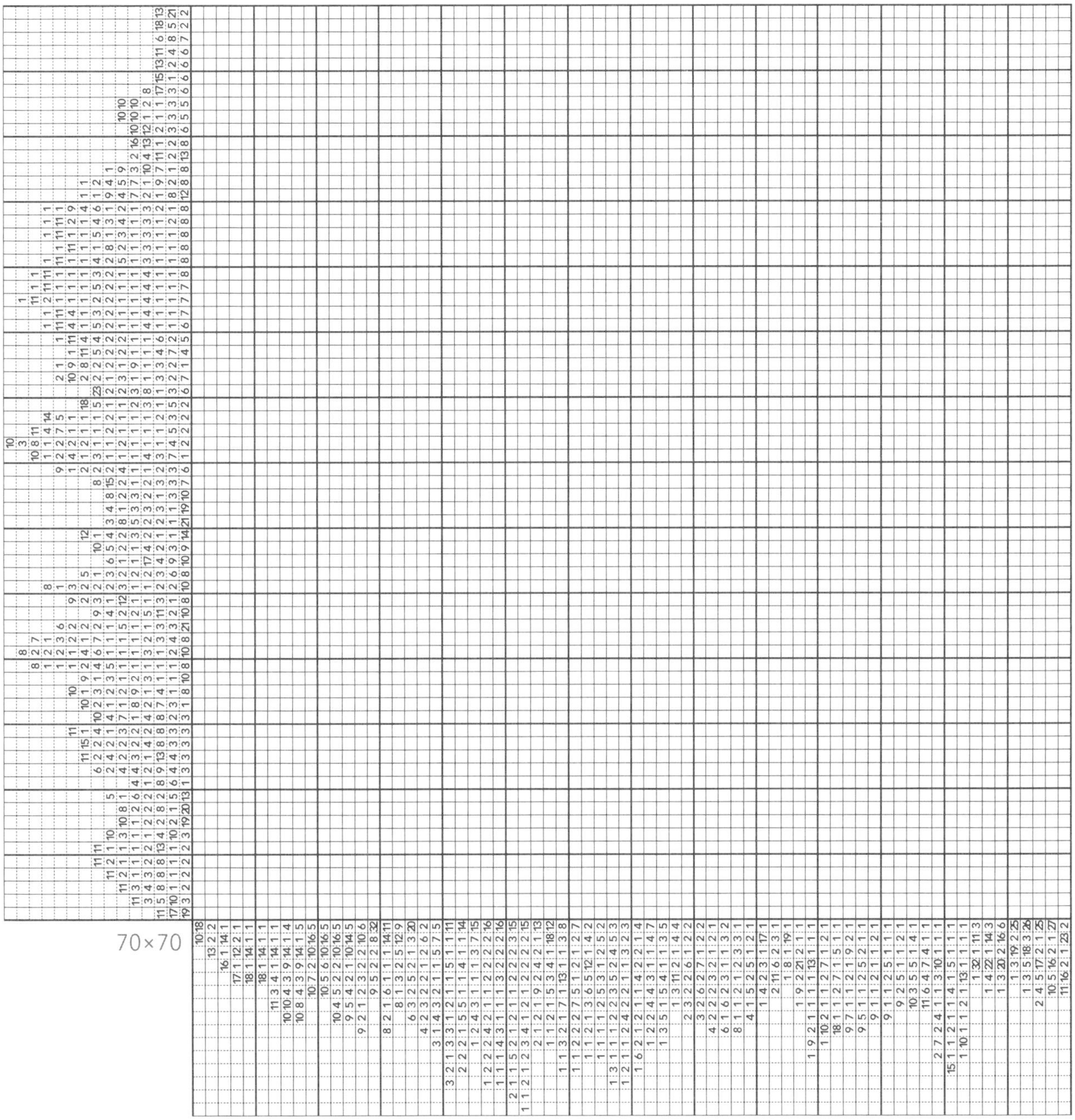

70×70

C86 달콤한 구름

난이도 ★★★★☆

70×70

열	
1	1 11 7 25 2 5
2	6 10 3 3 5 2 4
3	5 2 17 2 6 4 4
4	3 4 4 2 3 3 9 2 4
5	5 3 2 3 8 4 9 2 3
6	3 2 3 3 8 3 15 7
7	12 19 4 5 9 2 2
8	13 5 3 2 10 9 2
9	2 5 11 2 2 9 19
10	17 2 2 1 10 10 4
11	2 5 8 3 1 4 4 10 1 2
12	1 3 6 5 3 2 2 10 1 2
13	1 3 5 9 1 16 2
14	2 4 2 2 3 4 1 10 4
15	8 6 2 3 2 2 12 3
16	15 4 2 5 6 1 2
17	3 3 4 2 3 1 2 1 1
18	5 2 10 8 1
19	1 9 9 1
20	2 2 2 2 2 1 1
21	1 1 1 3 1 1
22	4 1 1 2 2 1 1
23	2 1 1 1 3 1 1
24	3 1 2 2 3 1 1
25	3 1 1 2 1 1 1 1
26	4 1 2 7 1 19
27	5 1 3 2 2 2 1 19
28	6 1 5 1 2 1 2 9 2
29	7 1 2 2 1 1 2 1 8
30	8 30 5 4 12
31	9 10 13 4 3 4 6 6
32	13 1 1 1 1 1 2 5 4 1 1 5
33	10 1 4 4 1 1 1 2 5 3 1 3 3
34	8 1 1 2 1 1 2 2 1 1 2 4 3 2 2 3
35	7 1 1 1 1 3 2 2 1 1 2 4 5 1 2 3
36	5 1 1 1 1 1 2 2 2 1 1 2 4 2 8 5
37	4 1 1 1 1 1 2 2 1 1 2 4 2 7 2
38	2 1 1 1 1 3 2 6 2 1 2 4 2 1 3 2
39	1 1 1 1 1 1 1 9 1 2 4 2 10 2
40	1 1 1 1 3 2 5 1 2 4 5 4 5
41	1 1 1 1 3 1 6 1 2 4 3 1 1 3
42	1 1 1 1 4 2 9 2 4 3 2 2 3
43	1 4 2 2 3 10 2 5 3 1 2 3
44	1 3 1 11 10 2 5 4 2 7
45	1 5 1 3 5 10 2 6 5 8
46	1 7 1 4 1 15 2 7 15
47	10 1 4 1 13 2 8 8 3
48	10 1 3 2 9 1 2 10 2 2
49	10 1 1 5 1 2 13 5 2
50	10 1 2 1 1 2 13 2 5
51	10 1 3 1 1 2 13 3 2
52	10 1 4 4 3 2 1 2 2 1 4 3
53	10 1 3 3 8 1 2 3 3 3 2 2 3
54	1 8 2 3 1 2 2 5 2 2 4
55	1 1 1 1 3 8 2 2 7 2 2 5
56	1 1 1 2 3 1 1 2 2 7 2 7
57	1 1 1 1 9 1 2 2 2 2 2 5
58	1 1 1 1 9 1 2 2 2 2 2 2
59	1 1 1 2 3 3 1 2 2 2 2 2 2
60	1 1 1 2 6 4 1 2 2 2 2 2 2
61	1 1 1 2 2 2 4 1 2 2 2 2 2 2
62	1 1 1 5 1 4 1 2 2 2 2 2 2
63	4 1 1 2 1 6 1 2 2 2 2 2 2
64	7 1 1 2 1 1 1 1 2 2 2 2 2 2
65	13 1 1 6 1 2 2 2 2 2 2
66	10 1 1 1 1 4 1 2 2 7 2 2
67	10 1 1 2 7 1 2 2 7 2 2
68	10 1 2 2 8 1 2 2 5 2 2
69	10 1 2 6 2 1 2 2 10 2
70	10 1 9 8 2 13 2

행	
1	2 6 39
2	14 8 7 8
3	7 2 3 8 7 8
4	5 4 3 9 8 8
5	3 6 4 9 8 7
6	2 6 5 9 10 7
7	1 10 1 10 10 7
8	1 12 11 11 6
9	2 3 9 11 11 6
10	11 3 49
11	10 1 1 1 1 1 1
12	2 2 4 1 1 1 1 1 1
13	4 4 3 2 3 3 3 3
14	3 9 8 8 8 8 4
15	2 9 2
16	4 6 3 2
17	16 2 6
18	9 5 2 2 2
19	1 2 7 2 2 2 5
20	3 5 2 1 1 4 2 2
21	3 1 2 8 1 3 2 2 2
22	3 1 5 4 8 2 3 1
23	1 1 3 3 2 14 1 2 1
24	1 1 2 2 7 1 2 5 2 6 1
25	1 1 1 1 2 1 1 1 1 1 3 1 2 2 1
26	1 1 1 1 2 1 1 2 1 1 3
27	1 1 1 1 2 2 4 6 2 1 2
28	4 5 4 1 2 2 2 4 3 3 1 2
29	17 1 2 2 3 3 2 8 2
30	2 4 4 1 1 2 5 2 1 7 1
31	1 2 2 1 2 2 3 3 2 5 2
32	1 2 2 1 2 2 1 2 2 1 2 2 2
33	1 8 2 3 3 2 1 2 3 1 2 3 4
34	1 4 4 10 2 1 2 6 2 2 3 2
35	1 2 4 2 6 2 11 1 7 4
36	1 2 4 2 1 6 10 1 9 6
37	1 1 3 2 5 1 1 11 1 1 7 6
38	1 1 3 2 3 2 2 1 12 1 1 9 1
39	1 1 5 1 2 1 4 3 10 1 1 1
40	1 6 1 1 2 1 1 6 9 1 1 1
41	1 6 5 1 2 12 1 1
42	1 8 2 3 2 6 1 1 1
43	1 3 5 2 1 47
44	1 2 6 2 1
45	1 7 2 47
46	1 6 2 45
47	1 5 3 2 2
48	1 5 4 2 1 39
49	1 4 1 2 5 20 18
50	1 1 2 2 3 23 1
51	1 4 2 2 3 23 13 2
52	1 12 2 3 4 9 17
53	28 2 9 7 4 5
54	14 3 1 13 6 4 5
55	28 5 6 5 4 5
56	15 3 4 1 1 4 4 17
57	14 3 3 2 2 3 5 13 2
58	13 2 3 1 1 3 5 2
59	12 2 3 1 1 4 3 18
60	2 7 2 6 5 3 2 22
61	2 7 2 2 4 4 2
62	2 2 1 5 5 25
63	3 3 1 45
64	1 2 2 1 1 3 7 6 1 2 2
65	2 3 1 1 5 1 1 4 1 2 3
66	3 2 1 1 3 2 2 3 2 5
67	4 1 6 4 1 1 4 1 3
68	6 2 2 6 8 1 5
69	5 8 24
70	3 7 9 9

C87 돌을 쓰러트려요

난이도 ★★★★☆

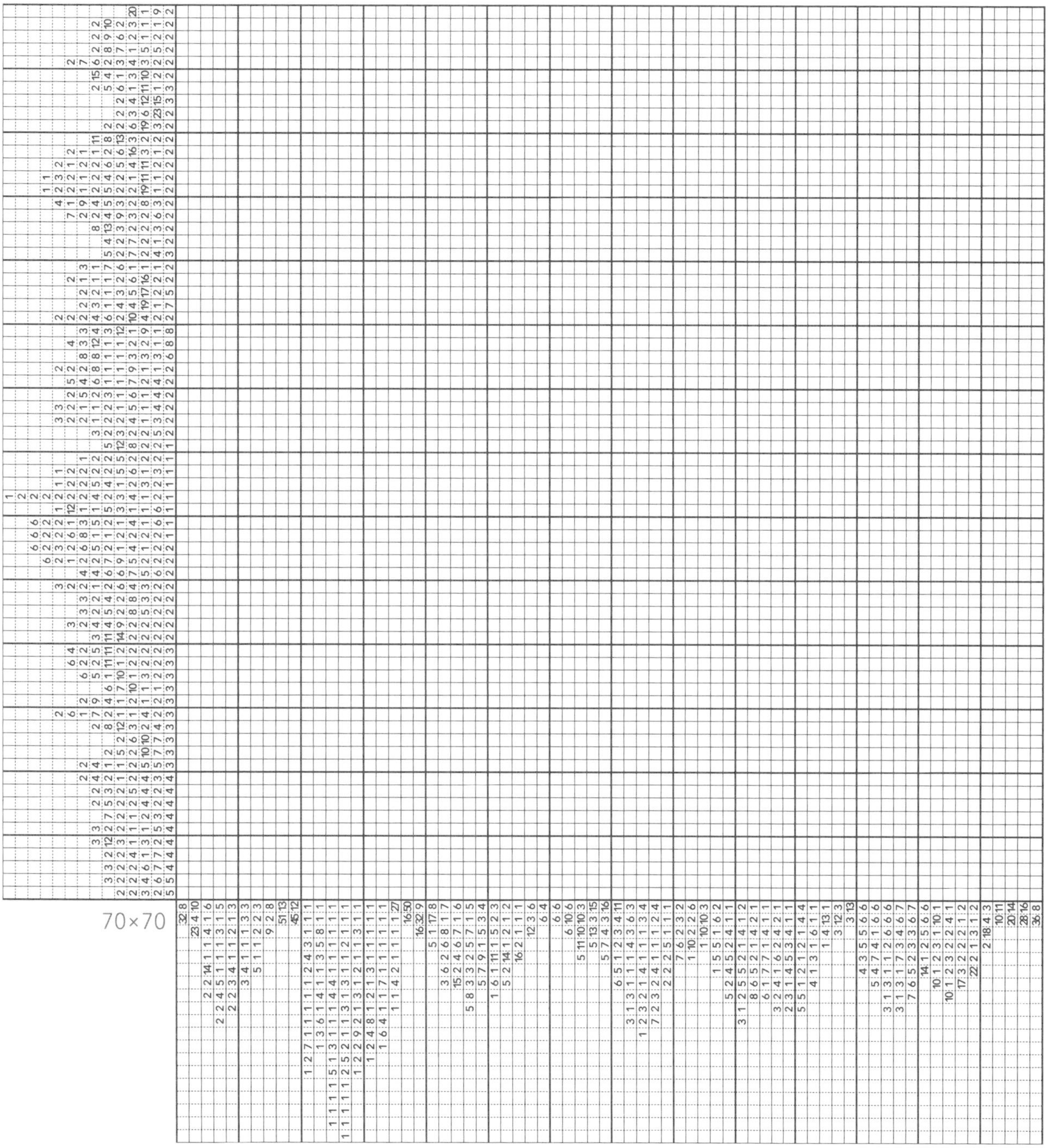

70×70

C88 손가락 세 개로 인형을 잡아요

난이도 ★★★★☆

70×70

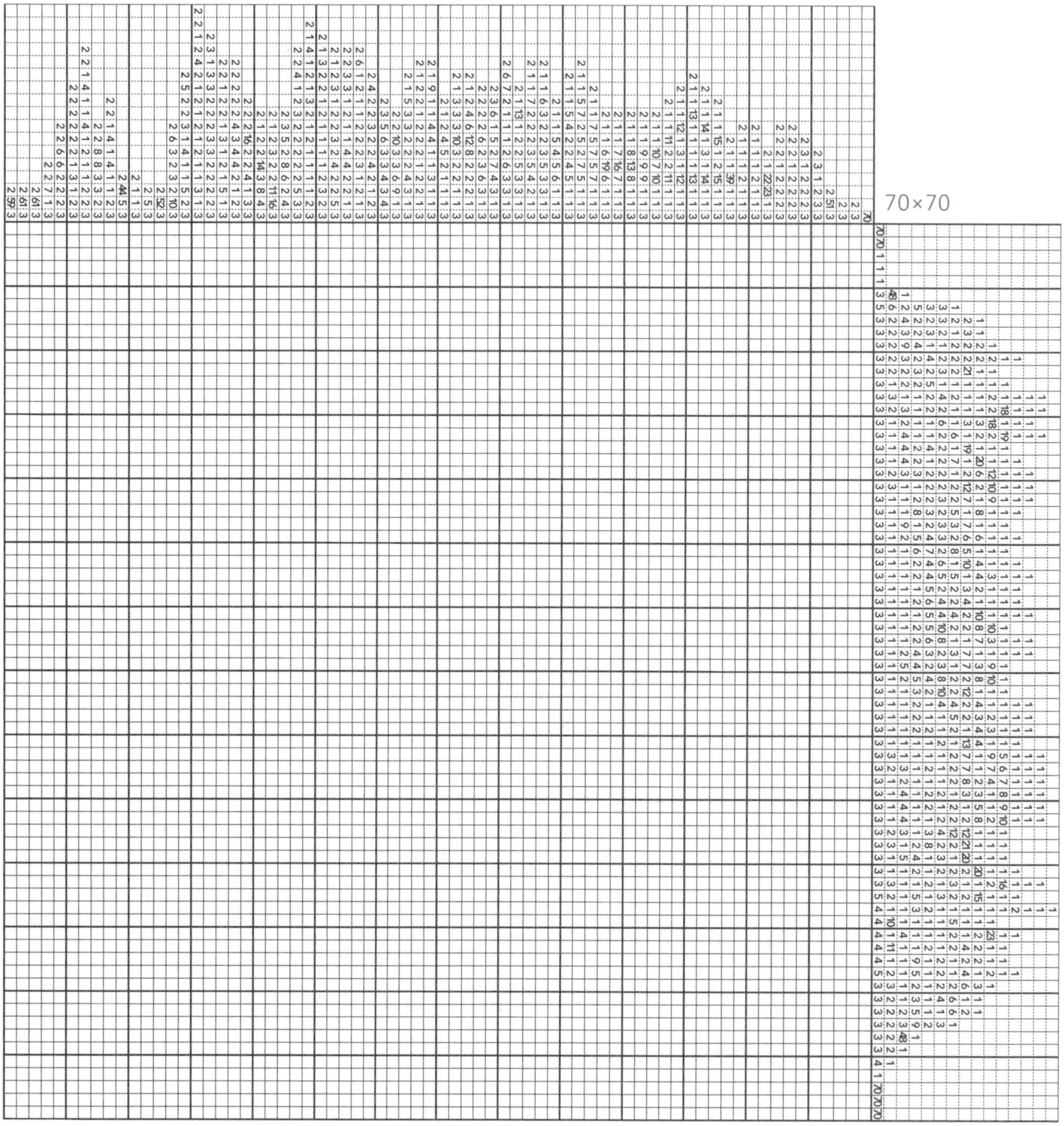

C89 나무 위에 집이 있어요

난이도 ★★★★☆

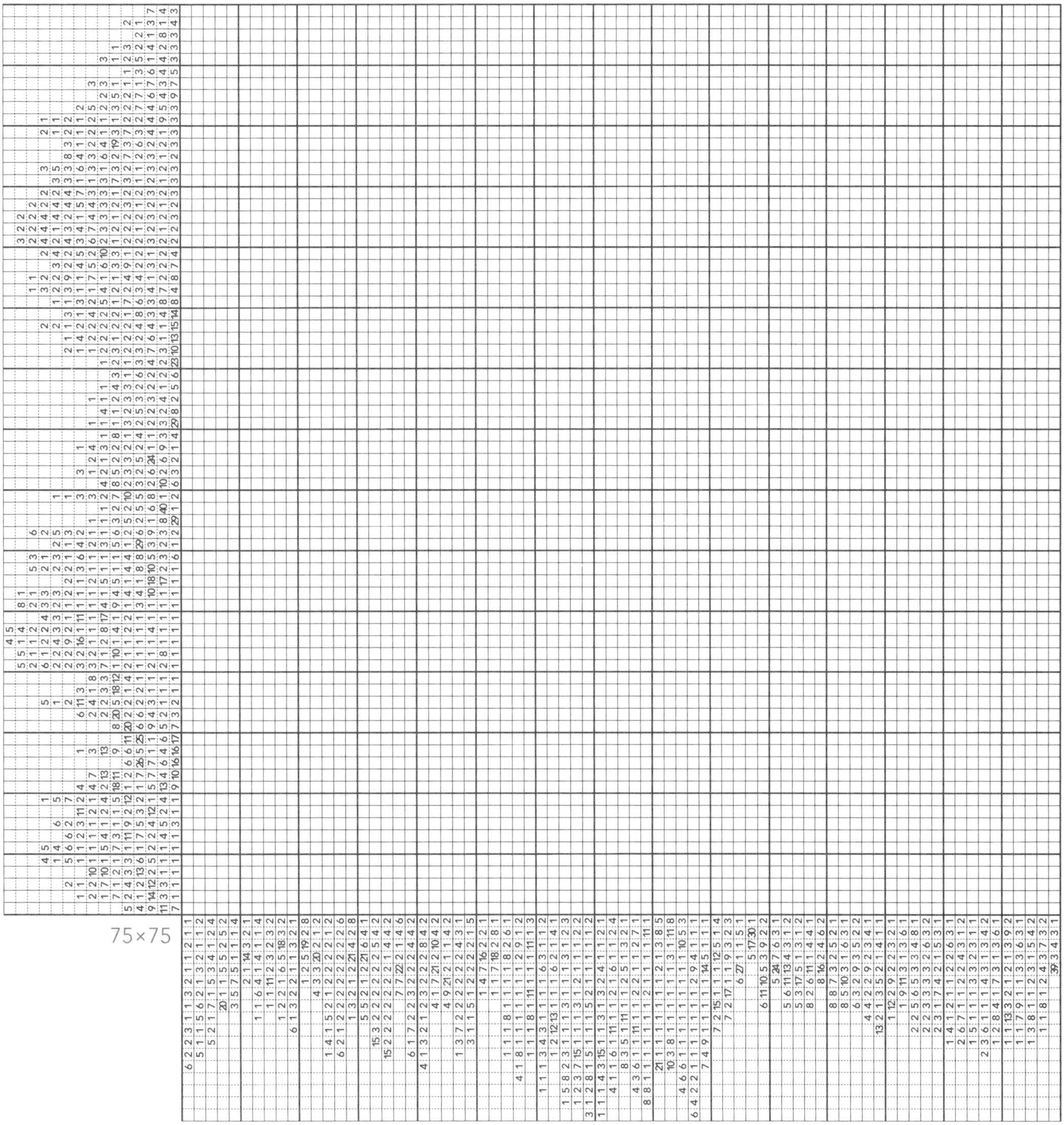

75×75

C90 까치와 까마귀가 도와줘요

난이도 ★★★★☆

75×75

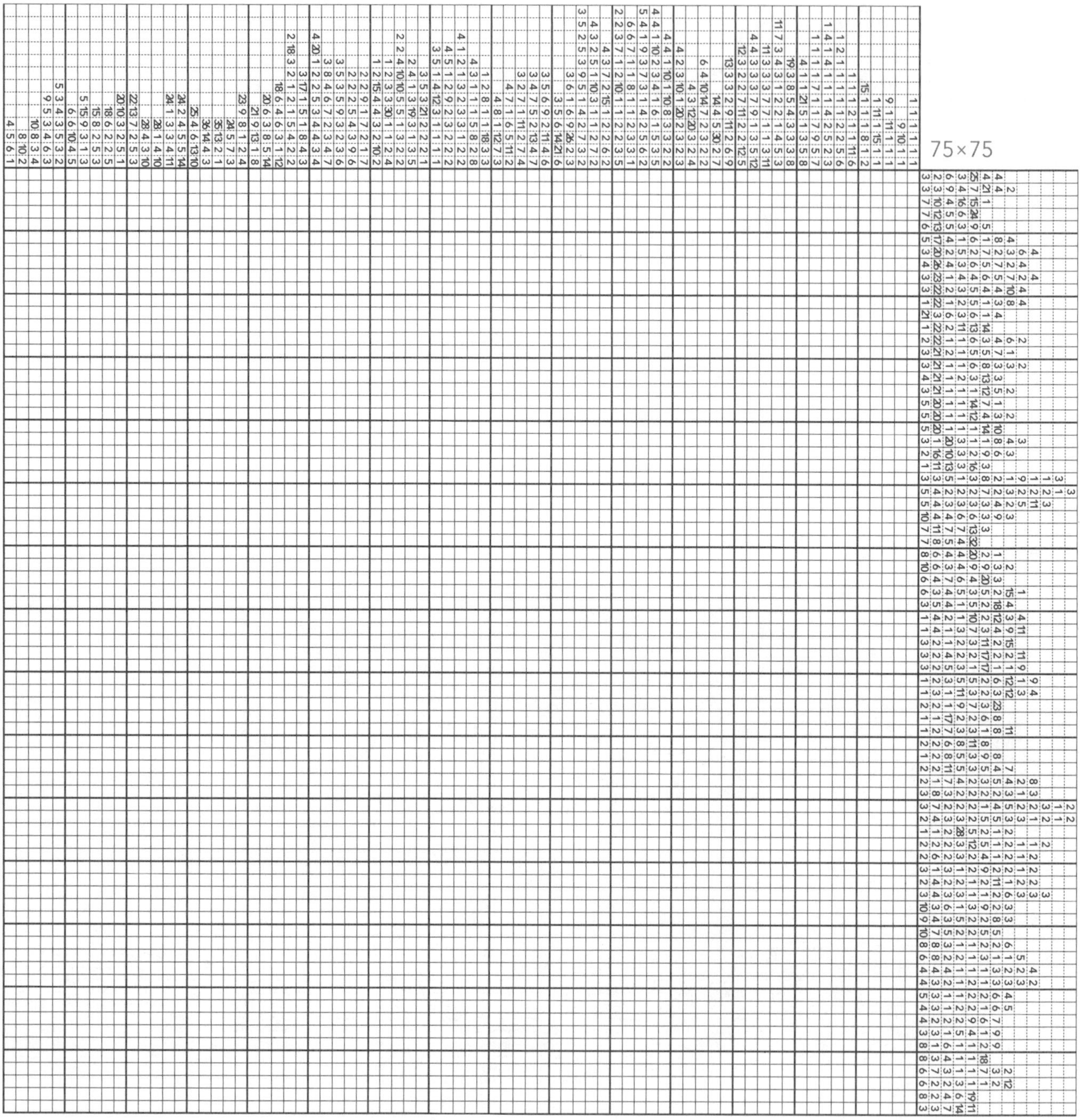

C91 발이 날카로워요

난이도 ★★★★☆

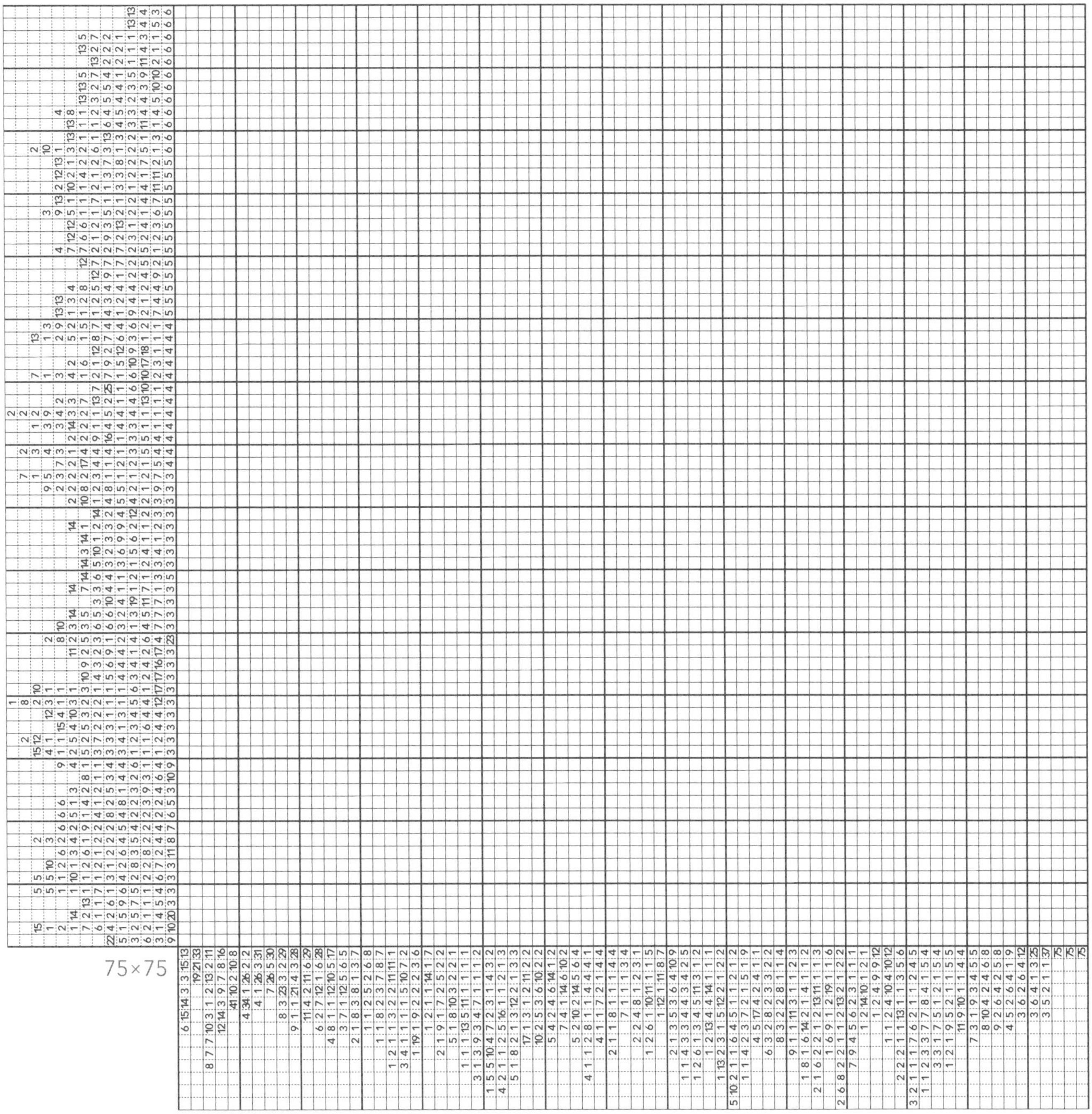

75×75

C92 누가 사람이 될까요?

난이도 ★★★★☆

75×75

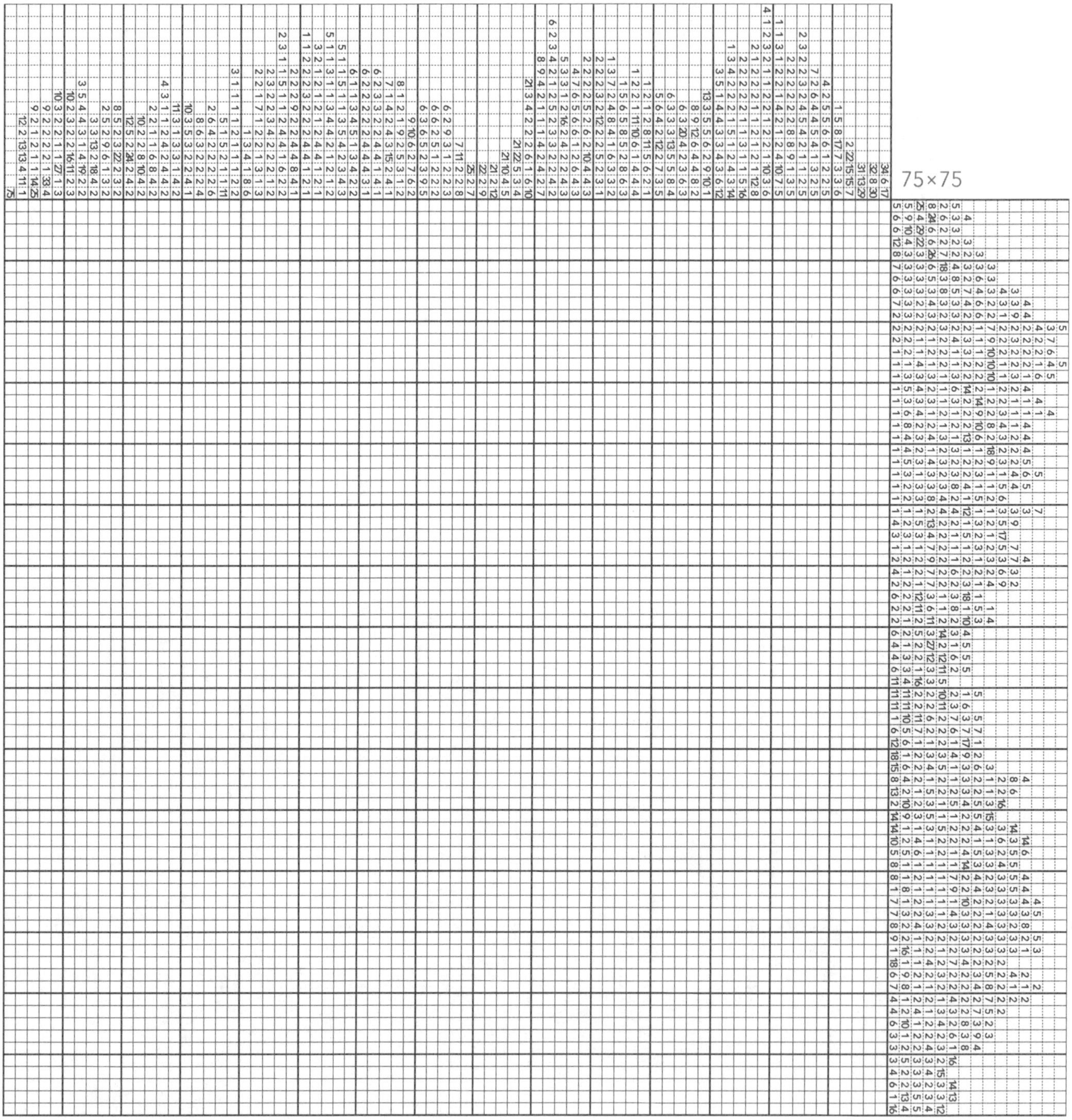

C93 위이이잉 소리가 무서워요

난이도 ★★★★☆

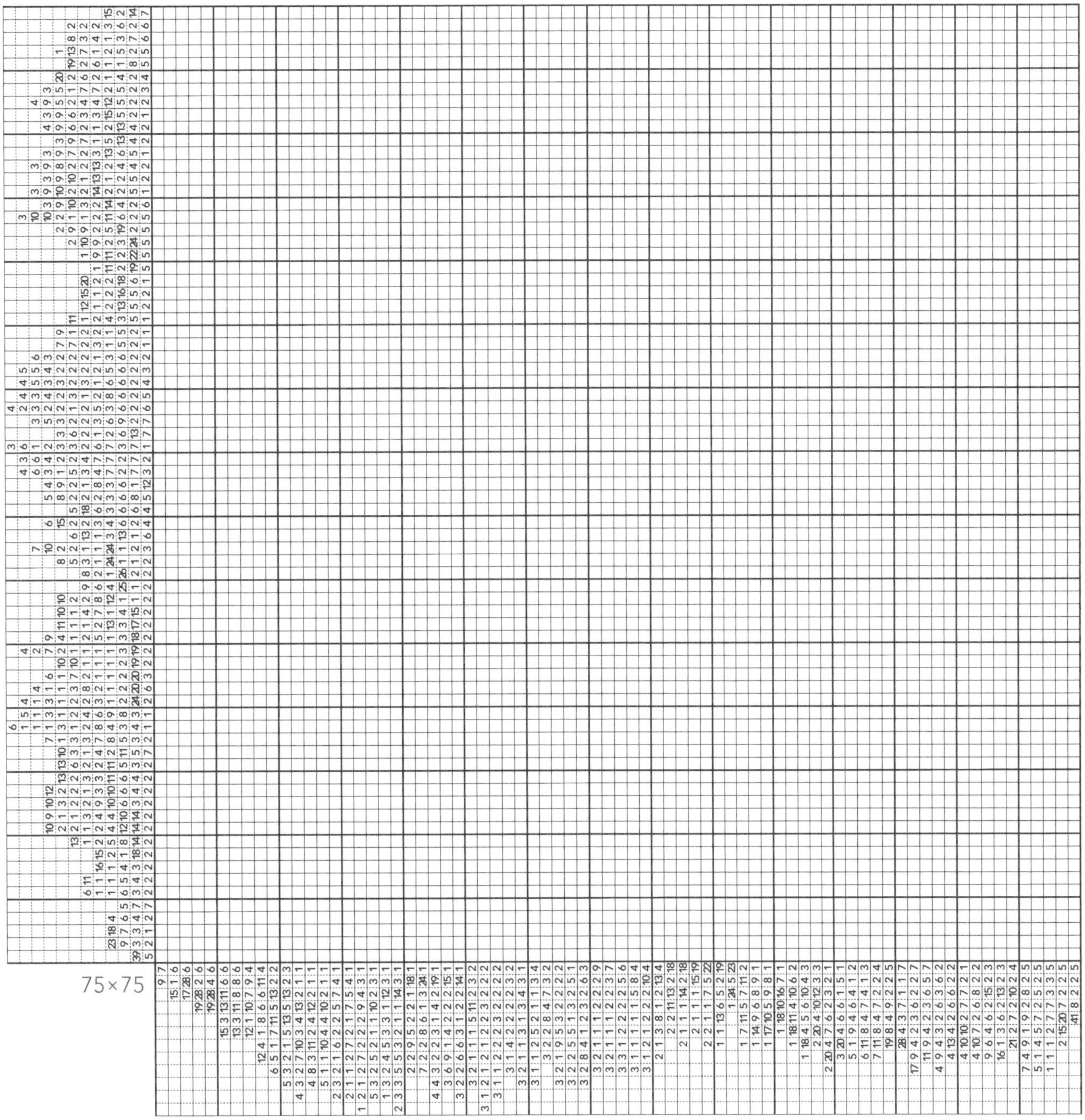

75×75

C94 불로장생을 상징하는 10가지

난이도 ★★★★☆

75×75

열	
1	3 2 4 9 19 5 2 2 2
2	4 3 28 3 5 2 3 3
3	1 2 2 3 11 14 2 10 3 2 3
4	1 3 4 1 1 7 17 1 2 5 2 3 2
5	1 3 4 2 1 2 21 1 2 5 2 4
6	1 4 1 5 1 15 6 2 11 1 2 6
7	2 3 1 3 1 20 2 3 4 1 2 5
8	2 5 3 1 2 5 7 4 2 4 1 3 3
9	3 4 3 19 2 1 4 1 6
10	3 1 1 2 3 5 5 2 2 4 1 2 7
11	4 1 11 5 11 4 5 1 1 3 2
12	6 2 1 1 2 11 6 5 1 2 4
13	3 5 2 2 2 2 12 7 5 1 3 4
14	2 1 3 5 4 2 16 3 5 3
15	2 1 3 2 2 6 2 1 11 3 2 5 1
16	2 2 1 1 10 2 2 11 3 3 1 5
17	1 6 2 4 12 2 1 10 5 1 2 1 5
18	1 2 2 2 5 10 9 4 1 4 5
19	1 3 5 3 3 18 1 4 2 2 4
20	1 2 3 4 1 20 2 3 7 1
21	2 3 4 2 7 11 2 3 1 2 2 1 1
22	2 3 2 2 2 5 2 8 3 2 1 4 4 1
23	3 2 4 3 3 3 1 5 1 2 3 4 1
24	3 2 1 3 3 5 1 1 5 1 1 5 2
25	3 2 2 5 5 5 2 1 2 2 1 1 3 1 1 1
26	3 2 3 4 2 9 1 2 2 3 1 1 5 1 1
27	3 1 5 1 1 1 2 3 1 1 1 1 1 1 1 1 1
28	3 1 2 2 2 3 4 3 2 1 3 3 1 1 7 4 1
29	4 5 1 5 2 2 1 4 2 4 2 1 2 1 2 4
30	5 4 1 3 4 1 1 2 4 3 1 1 5 4 1
31	5 2 3 3 1 1 2 2 2 2 4 1 1 2 2 2 1
32	7 4 1 3 2 2 5 4 3 1 1 3 2 1
33	3 2 1 1 3 4 3 3 3 1 1 1 1 1 4 1 1
34	2 2 2 2 1 3 3 5 1 1 1 1 1 1 2 1 1
35	1 1 1 3 1 2 9 1 1 1 1 1 4 2 1 1
36	1 1 1 4 3 1 7 1 1 1 2 3 1 1 1 1
37	1 1 2 6 5 12 1 3 2 1 1 1
38	2 2 2 4 2 5 6 6 4 6 1 1 1 1
39	3 2 2 4 8 1 10 1 2 4 1 1 1 1 1
40	7 2 5 3 4 12 1 2 5 1 2 1
41	4 3 7 3 4 3 7 3 4 3
42	4 2 2 6 4 1 5 9 2 1 4
43	3 4 3 3 5 12 2 3 3 3 2 2
44	2 5 2 4 3 3 1 2 3 3 7 2 1 2 2 1 2 2
45	2 6 4 2 2 2 3 15 1 1 1 1 6 2
46	2 3 2 1 2 2 4 15 2 4 5 3 1
47	1 5 5 2 2 1 3 3 10 1 1 1 5 2 6 1
48	1 6 5 4 1 1 1 6 6 3 2 1 4
49	1 5 3 7 1 1 1 16 2 1 7
50	1 3 3 3 12 2 17 1 3 3 1 6
51	1 7 1 6 4 2 15 2 5 3 1 5 1
52	1 3 2 3 3 1 6 17 3 2 3 3 1 1
53	7 3 6 3 7 5 2 1 2 1 2 3 2
54	10 2 5 8 1 4 1 4 2
55	12 1 3 7 5 1 3 4 1 2 4 1
56	11 12 18 1 2 2 1 3 4
57	2 5 2 9 17 1 5 5 5
58	4 3 6 5 10 1 1 2 3 1 7
59	4 9 7 1 4 5 1 8
60	4 4 4 4 1 4 2 2 6
61	3 5 3 11 1 3 1 1 5 2
62	3 3 4 2 17 5 1 4 2
63	3 3 7 6 8 12 1 1 1 2 2 2
64	1 3 2 2 3 2 2 1 5 9 3 4 2 3 3
65	3 3 5 4 3 1 16 2 2 7 2 3 2
66	3 3 4 9 3 6 1 3 3 2 3
67	3 3 2 10 1 3 1 11 2 1 3 4 3
68	7 4 3 4 2 3 7 2 2 9 2
69	7 3 8 2 3 1 11 3 3 3 6
70	6 4 5 1 6 8 9 2 1 7
71	6 5 7 7 2 20 1 3 5
72	4 4 8 6 12 18 2 5 4
73	2 5 2 4 5 18 6 6 5 6
74	3 3 3 6 4 27 8
75	6 8 7 13 10 12

행	
1	52 7 7
2	2 10 14 9 19
3	5 5 3 11 5 4 3 6 9
4	5 2 6 4 3 8 4 3 2 6
5	3 1 1 1 8 3 1 15 8
6	2 2 1 7 1 1 8 8 11
7	3 1 1 1 2 2 4 3 8 10 3
8	3 1 1 2 1 2 2 4 1 2 6 5 5
9	2 1 2 1 3 5 3 2 5 3 4 6
10	4 4 1 3 3 2 2 4 4 11 1
11	7 1 3 2 5 2 3 2 5 4 1 1
12	3 2 7 5 1 1 7 1 3 2 2 4 2
13	3 2 1 2 3 3 2 8 1 4 3 4 2 1 1 4
14	6 3 4 1 3 1 2 4 3 4 3 8
15	4 2 3 3 1 2 1 1 2 3 2 7
16	4 1 5 4 2 1 1 1 8 1 2 10
17	6 3 2 5 4 2 1 2 9 4 4 7
18	3 4 3 4 4 2 7 5 2 13
19	10 2 1 3 2 1 5 2 2 2 7 3 1
20	1 1 1 2 2 3 4 1 3 3 2 1 1 4 2 2
21	4 1 1 2 2 2 3 5 1 2 2 4 1 6 3
22	6 1 1 3 5 4 3 7 2 2 1 5 5 5
23	4 1 1 1 6 2 6 7 2 2 6 4 8
24	7 1 1 3 1 4 2 4 2 2 6 9
25	9 1 3 4 1 4 3 5 7 3 5
26	8 1 3 6 4 5 4 3 4 1 2 7
27	7 3 3 9 2 4 7 3 1 1 7
28	3 9 4 3 3 1 5 1 1 1 5 3
29	10 6 3 3 1 4 3 6 2 1 1 4
30	9 5 2 4 2 8 3 3 1 3 3 4
31	9 1 6 3 4 12 1 5 1 2 8
32	2 7 2 6 2 2 10 2 4 6 4 1
33	7 5 4 2 2 8 4 3 4 5 1 1 4
34	11 3 7 4 3 3 3 1 3 1 1 4
35	12 4 3 2 1 5 4 3 5 1 1 3
36	12 4 1 1 4 3 9 1 3 5 1 1 4
37	5 3 1 10 1 7 2 2 4 6 3 2 1 2 1 4
38	8 6 4 2 2 3 5 1 9 3 4 1 2 4
39	8 3 5 4 17 3 4 1 1 5
40	8 7 5 6 12 2 4 1 1 5
41	7 5 11 1 11 5 2 4 1 1 1 3
42	7 5 5 4 3 5 8 2 5 1 1 5
43	7 5 6 2 19 2 5 1 1 5
44	5 5 6 2 19 2 5 1 1 5
45	4 1 11 22 2 5 1 1 5
46	3 1 10 26 4 1 1 2 2
47	2 1 10 4 22 2 1 2 3 1 5
48	2 2 2 6 8 4 3 2 2 1 2 2 2 5
49	1 1 2 2 6 4 6 3 2 1 4 2 4
50	1 4 2 6 4 5 3 2 3 1 1 4 6
51	1 3 6 2 2 7 3 1 2 7
52	2 5 7 4 6 2 3 2 4 10
53	7 6 5 7 2 2 1 4 5 2
54	3 1 7 9 4 1 1 2 8 6
55	1 1 1 9 6 1 5 2 5 2 3 1 6
56	1 1 8 5 1 2 2 6 4 7
57	1 1 15 6 1 1 1 17 7
58	21 2 1 2 3 2 2 3 7
59	19 5 2 1 1 1 1 4
60	13 3 6 2 2 1 1
61	13 4 2 1 1 5 1 3 1 4
62	6 2 2 7 4 1 1 2 2 12 2 2 3
63	4 3 4 1 4 3 1 1 1 3 3 2 1 2
64	4 2 3 5 3 2 1 2 1 5 2 4 4 3
65	3 1 1 3 1 3 2 4 4 2 6 1 1 3
66	5 4 3 7 7 1 6 3 1 2 2
67	3 2 2 3 5 2 1 4 3 4 1 1 4 1 2
68	1 3 3 2 6 2 3 1 1 3 6 1 2
69	4 3 3 3 3 4 3 1 1 4 7 4 1 2
70	6 5 3 10 1 1 7 8 4 2 1
71	2 4 4 5 4 3 4 20 2 4 1 1
72	3 5 5 2 4 4 10 10 2 6 1
73	2 3 1 3 4 2 3 8 6 2 2 5 1
74	4 3 2 2 7 4 5 3 2 4 2 2 2 4 1
75	4 3 2 3 3 4 4 10 4 2 3 2 2 2 4 1

C95 발로 탭탭!

난이도 ★★★★☆

70×80

12 4 7 10 7 4
3 13 4 2 4 2 2 5 1 2 2
17 11 2 2 7 1 2
17 8 2 2 7 6
4 9 2 2 1 2 2 7 8
4 12 5 1 1 2 2 4 10
2 10 5 1 2 2 1 7 12
4 12 5 1 1 2 1 5 3 2 13
4 12 4 1 2 3 8 5 13
17 4 2 1 4 5 2 5 14
1 15 4 2 6 3 1 1 2 15
12 4 3 9 2 2 2 16
8 8 3 9 1 2 2 16
17 3 13 1 2 19
17 1 15 1 3 13
16 3 10 5 18
12 4 3 10 4 17
12 4 16 1 6 9
6 3 2 2 3 8 2 4 2 8 4
12 4 2 1 9 2 4 9 6
12 4 2 1 7 2 3 10 9
17 4 6 3 11 12
16 1 5 2 2 2 37
17 4 5 2 38 2
6 2 7 3 2 4 5 22 1
5 2 1 7 4 2 6 2 17 1 1
5 1 1 6 10 1 2 2 3 12 3
1 2 2 1 5 4 2 3 5 7 2
3 1 1 5 1 2 1 7 4
3 2 1 6 1 4 2 7
2 1 1 10 2 2 2 8
5 1 1 5 7 3 6 2
1 3 1 2 3 2 8 7
1 3 1 1 3 1 2 7 7
1 2 1 1 2 1 2 1 11 7
1 7 1 3 2 13 7
1 11 3 12 6 7
1 12 2 2 7 2 3 6
1 14 3 4 2 4 5
1 12 3 2 3 2 9
1 11 1 1 1 2 2 1 7
3 6 1 4 1 2 3 2 3
2 4 1 2 3 1 5 1 2
3 4 2 2 3 1 2 1 12 1 1
3 3 1 1 2 2 1 3 3 2 2
4 4 3 1 2 2 3 3 7
5 1 3 1 4 1 1 2 4 11
6 1 2 1 2 2 1 2 5 4 14
7 1 2 2 1 2 1 1 2 4 4 18
3 5 9 2 5 2 1 5 21
17 4 8 2 3 2 22
17 4 10 1 3 21
17 1 4 12 1 2 1 16
8 6 1 3 2 19 16
8 8 4 7 5 2 14
2 3 6 3 9 1 1 1 3 8
8 8 3 10 1 1 5 6 4
8 8 3 8 2 4 7 9
11 5 4 5 5 8 11
17 5 4 1 2 20 13
17 2 4 2 1 37 2
4 12 6 4 3 1 2 22 2
3 1 10 7 7 3 1 3 27 1
2 1 13 2 2 2 3 1 2 5 1 15 1 1
1 1 1 4 1 2 4 1 1 10 3
2 1 7 5 1 2 2 1 2 3 1 6 2
3 1 10 6 1 6 1 5 8
4 12 3 4 8 2 6
9 7 8 2 7
13 2 8 7 3

15 6 46
10 16 4 23 5
6 23 1 2 12 7 4
1 4 21 1 1 4 12 3
4 18 2 2 15 2
6 18 1 5 23
6 11 5 2 8 7 6 3
25 1 10 6 7 4
12 13 20 5 4
24 3 8 1 5 7 2 1
18 5 3 7 1 2 5 14
18 5 12 1 1 9 5 5
10 4 3 6 1 15 5
18 5 8 2 15 5
4 13 5 5 6 1 15 4
24 3 4 5 4 10 5
25 3 2 17 5
2 8 2 1
4 9 7 4 2 2 3 7 3 5
4 9 7 4 2 4 4 7 3 5
4 12 7 6 1 3 10 3 5
4 6 2 10 2 2 1 1 3 1 2 3 2 2
1 6 2 8 3 5 4 1 5 5
5 1 7 2 2 3 2 1 3 4
4 2 5 1 2 1 2 3
4 1 5 2 3 1 7
1 4 3 7 2 2 2 3 1 1
1 2 13 1 4 2 2 2 2
2 17 1 5 2 1 6 4
1 17 1 4 2 12 1
1 13 6 3 3 12 1
2 14 3 1 3 2 14 1
1 3 11 2 1 3 11 3 1
1 3 10 1 2 1 3 9 1 2
1 2 9 1 1 2 1 4 9 1 1 1
1 2 1 10 1 1 1 3 13 1 2 1
3 6 2 2 3 1 1 3 5 5 2 1 1
2 3 2 2 2 1 2 3 3 4 1 1 4 1
1 3 2 1 2 3 2 6 3 3
1 4 9 3 2 3 5 2 1
2 6 4 3 5 2 3 3 2
2 2 2 2 2 2 5 2 5 2 1
2 1 8 2 7 1 5 2 5 1
2 2 2 2 2 6 2 3 1 1 1 3
2 1 2 1 2 1 7 1 2 2 3 1 2 2
7 2 2 3 2 1 2 2 1 4 7 2
2 3 2 1 3 1 1 1 1 1 9 2
3 4 2 2 3 1 2 1 1 2 2 2 2 1
2 4 2 2 2 2 2 1 2 1 1 2 3 1
2 8 2 1 2 2 1 1 1 1 2 3 1
2 2 5 4 13 1 1 2 2 2 2
3 3 2 3 10 3 1 2 1 2 2 3
7 4 1 2 3 17 1 2 2 1 4
8 12 17 5 2 2 1 3
5 5 19 9 13 2 1 5
11 12 25 1 2 11
7 2 14 11 11 13 5
1 8 14 13 1
10 15 14 1
16 18
17 15
8 8 16
8 8 8 8
7 8 8 8
7 7 7 7
7 7 7 6
7 7 7 6
7 7 7 7
7 7 8 7
7 6 7 7
7 7 7 7
2 8 7 8 7
11 7 7 7
1 8 7 11 6
2 7 8 1 8 7
9 7 2 6 7
7 7 9 7
5 5 3 7 4 3
4 4 2 4 5 2
2 6 3 9

C96 지니가 소원을 이루어 준대요!

난이도 ★★★★☆

70×80

Column	Clues (top to bottom)
1	16 5 4 20 5 5 10
2	9 10 6 3 7 4 6 1 4 3
3	10 9 4 4 2 5 2 4 1 3 3
4	8 7 4 1 1 4 1 5 3 6 1 1 1
5	10 8 3 1 1 2 1 6 3 3 3 1 3 3
6	2 7 8 5 3 1 1 2 1 7 11 1 2 3
7	2 16 2 2 4 1 1 4 7 7 2 2 6
8	9 6 2 1 3 4 1 5 6 2 1 6
9	2 19 1 2 4 2 4 4 4 1 2 1 5
10	2 7 4 2 3 13 6 3 4 2 2 1 5
11	10 2 4 2 7 4 9 5 1 1 1 5
12	5 5 1 4 2 3 1 9 3 2 1 1 2 5
13	8 2 1 2 2 6 1 9 6 2 2 2 4
14	8 4 2 1 6 1 9 5 6 1 1 2
15	8 5 1 4 2 6 6 4 3 2 1 4
16	9 1 2 1 14 4 4 4 2 1 3
17	3 7 2 3 17 5 1 1 1 3 1 2
18	3 12 5 10 8 1 1 2 1 3 2 2
19	3 11 2 2 9 6 4 1 2 1 1 2 2
20	1 7 4 4 3 7 5 3 4 1 1 2 2 2
21	3 9 3 1 2 2 3 1 8 1 2 2 1 2 5
22	3 9 3 4 2 3 3 5 2 1 1 1 1 3 4
23	3 10 3 8 2 4 1 1 2 2 1 1 1 3 3
24	10 8 17 3 2 2 2 1 1 2 4 3
25	18 2 5 4 3 1 1 2 1 1 1 3 2 3
26	18 6 4 3 2 1 2 1 1 1 5 2 3
27	1 18 1 3 2 2 4 1 2 1 5 2 3
28	12 4 4 8 1 2 4 1 3 1 4 1 2
29	4 5 4 1 1 4 4 3 5 5 1 4 2 3
30	3 7 2 6 2 8 10 2 1 3 3 2 2
31	3 1 1 1 1 4 1 2 8 4 1 1 10 2 2
32	3 2 5 3 4 1 2 8 6 1 1 3 2 3 3 2
33	4 7 3 4 1 2 20 5 1 3 2 1 1
34	4 3 3 1 13 14 1 3 2 2 2
35	4 1 3 1 2 7 17 1 1 2 2 2 2
36	3 1 7 2 3 1 1 10 3 9 1 2 2 2 2 2
37	3 3 2 1 4 1 2 5 2 7 3 1 2 2 2 1
38	4 2 3 1 3 2 1 5 2 2 9 1 2 2 2 4
39	2 1 7 2 6 1 6 1 2 3 1 2 2 2 2 4
40	2 2 1 2 4 2 6 3 2 1 2 1 1 1 2 2 2 3
41	2 3 4 7 3 3 3 2 1 1 1 2 1 2 2 2
42	2 1 3 5 2 1 1 4 1 1 1 1 2 1 2 2 1
43	3 2 8 8 3 11 1 3 2 1 2 2 2
44	1 2 3 1 5 7 5 3 6 1 1 1 4 1 2 2 2
45	8 4 1 6 3 5 7 1 1 2 1 1 2 1 2
46	6 4 4 13 4 4 1 3 2 2 2 1 4
47	5 2 8 10 4 2 1 6 2 1 2 1 3
48	21 8 5 3 1 1 3 3 2 1 2
49	1 20 3 2 5 2 1 1 1 1 1 2 2 1
50	2 7 9 9 1 2 1 1 1 1 1 2
51	12 2 4 4 5 1 1 2 2 1 1
52	1 10 2 4 4 3 2 1 2 1 2
53	13 2 1 2 9 1 2 1 2
54	14 7 3 3 10 3 1 1 3
55	7 8 2 4 3 3 10 4 1 2 2
56	15 1 1 2 6 3 14 2 1 1
57	12 1 2 5 2 3 5 2 1 1
58	11 1 2 1 1 2 2 1 3 1
59	2 7 4 3 2 1 2 5 4 2 2 1
60	2 7 2 3 5 3 1 1 1 1 1 1 3 1 1 1
61	3 1 2 5 2 1 1 1 4 8 4
62	2 6 3 3 4 2 1 1 2 3 9 2 2
63	2 9 5 2 2 2 2 1 3 14 2 2
64	11 8 2 2 1 1 4 3 9 1 1
65	10 10 2 1 2 2 3 4 9 1 1 1
66	10 15 2 2 1 4 1 1 1 3 1 1 3
67	24 1 2 2 5 3 8 2 2
68	18 5 3 3 1 3 3 2 3 2 2
69	6 17 5 12 1 2 4 2
70	14 9 2 18 10 9

Row	Clues (left to right)
1	1 5 36 12 9
2	7 11 6 16 2 8 9
3	5 9 18 1 4 8 7
4	7 8 6 3 3 6 10 9
5	7 11 8 3 2 6 10 9
6	11 7 8 1 2 3 1 16 9
7	19 10 1 3 1 24 1
8	30 1 2 1 2 7 15
9	3 8 15 2 1 1 1 24
10	3 8 14 2 1 1 2 14 8
11	1 3 2 7 9 1 2 1 1 11 2 4
12	3 5 2 11 2 1 2 2 1 10 2 4
13	3 5 1 10 3 5 1 2 2 4 3 4
14	10 2 3 5 2 2 3 2 3 2 2 5
15	7 7 2 4 1 3 1 3 2 1 1 5
16	11 1 1 6 3 3 1 4 1 1 8
17	9 1 13 4 1 5 2 8
18	9 2 8 1 5 2 1 6 1 8
19	9 2 5 2 2 2 8 2 1 4 2
20	4 2 1 2 2 2 4 4 2 5 2 7
21	2 3 2 1 3 13 2 6 1 8
22	1 2 2 3 6 10 2 5 1 9
23	1 2 2 2 1 1 6 1 2 5 1 1 7
24	1 1 2 2 1 3 2 2 5 2 6
25	1 1 2 2 2 1 9 2 3 2 1
26	2 2 2 2 3 3 7 1
27	2 5 7 5 1 3 1
28	6 7 3 5 2 4 2
29	3 8 2 9 2 6
30	1 2 11 13 2 4
31	2 2 28 5
32	7 5 3 16 2
33	21 2 1 1 8 7 2
34	14 4 9 5 2 3 3 2
35	4 5 7 15 2 3 2
36	2 11 6 9 4 5 2
37	1 5 9 8 1 2 5 3
38	1 12 4 1 2 4 5
39	2 3 6 4 7 1 1 2 3
40	3 3 7 2 7 2 1 2
41	8 1 5 1 2 9 4 2 2
42	1 1 1 2 4 1 1 1 2 3 2 1 1 3
43	1 6 8 2 3 1 1 4 2 4 1 1
44	1 2 4 2 2 2 2 1 2 8 2 1
45	1 2 2 10 8 14 2 1
46	1 4 8 12 3 3 6 2 1
47	1 1 1 11 10 4 5 5 3 2
48	1 1 1 5 7 10 4 5 4 5 2
49	1 4 6 5 2 6 3 2 2 4
50	3 7 2 6 5 4 4 6 3 2
51	4 11 4 6 4 4 4 7 3
52	2 2 9 9 4 7 4
53	7 8 1 7 5 3 3 3 5
54	8 7 5 1 9 3 5 1 4 2
55	14 4 1 12 2 4 9
56	10 1 1 1 3 2 8 19
57	8 5 1 2 2 2 10 2 3
58	1 5 10 1 7 4 4 3 3 2
59	3 7 2 2 1 7 1 5 1 1 1 1
60	11 3 8 2 8 15 2
61	2 11 3 1 4 2 6 5 1
62	2 10 3 7 6 4 3 1
63	4 1 12 4 2 2 5 1 1
64	2 5 4 2 3 2 6 5 2 1 2
65	2 7 7 1 4 2 4 3
66	7 2 1 3 13 1
67	4 1 1 10 2 2 1 5 1 1
68	6 1 24 2 2 1 5 1 1
69	6 6 23 1 3 10 1
70	18 4 6 3 9
71	3 3 4 2 13 6 10
72	1 4 8 3 21 4 1 5 1 1
73	2 7 4 10 9 2 8 1
74	5 2 4 11 6 2 2
75	3 5 2 1 22 15
76	3 8 5 7 7 3 4
77	1 17 5 4 2 7 2
78	3 9 3 6 2 3 4 2 2 2 1
79	3 12 3 2 4 2 3 4 2 5
80	8 6 1 2 6 4 2 3 8

C97 공룡들이 살아있어요!

난이도 ★★★★☆

70×80

1	12 4 23 17
2	1 10 7 24 16
3	1 10 4 8 25 16
4	1 10 2 1 3 4 25 15
5	1 10 2 2 2 3 15 5 15
6	2 10 1 1 20 4 2 15
7	2 9 2 2 2 17 5 2 14
8	3 8 3 2 3 5 11 11 14
9	3 9 1 4 5 11 2 5 14
10	3 8 4 2 5 1 6 2 4 17
11	4 4 4 2 7 5 6 3 12
12	4 2 4 1 2 7 5 7 4 10
13	5 1 2 4 2 3 4 1 5 8 3 6
14	6 2 2 3 2 4 5 5 9 3 4
15	6 2 2 2 4 4 2 9 1 5
16	8 2 7 3 2 12 1 3 3
17	7 4 2 9 3 2 2 9 1 1 5
18	6 2 2 2 9 2 2 2 7 3 3 2 4
19	5 3 2 3 6 2 2 2 5 8 6
20	4 4 1 2 7 2 2 3 14
21	4 6 1 1 7 2 2 2 12
22	12 2 2 10 3 1 11
23	12 1 2 10 7 1 11
24	14 1 10 14 7 2
25	13 1 1 8 15 3 3
26	12 3 1 8 15 1 1
27	11 4 1 8 1 11 1 4
28	10 6 1 8 2 7 1 1 1
29	8 8 1 13 4 3 4
30	7 9 1 13 1 5 3 1 1
31	6 13 13 1 6 3 6
32	5 11 2 7 4 1 6 1 2 8
33	4 10 4 5 12 1 2 12
34	4 11 1 2 4 6 10 2 1 1 1 7
35	3 8 1 4 3 4 6 6 4 4 3 2 7
36	3 7 1 1 2 1 2 3 7 6 3 1 1 2 9
37	2 7 1 2 4 6 3 7 5 3 4 2 1 5
38	2 5 1 2 1 2 2 1 1 2 8 5 2 1 4 2 2 4
39	2 4 1 1 9 1 1 9 5 2 3 2 1 1 2
40	1 4 1 1 4 1 1 16 4 3 1 3 1 5
41	1 3 1 8 6 9 4 3 3 3
42	1 2 1 1 2 1 4 16 3 1 5
43	1 2 1 2 1 6 1 3 15 2 7
44	1 1 3 1 2 1 1 1 1 5 6 4 1 2 7
45	1 1 2 1 3 4 2 2 2 4 2 2 7
46	3 1 3 1 3 1 2 2 1 3 2 3 2 9
47	3 1 4 1 1 3 6 1 2 3 9
48	2 2 4 1 1 2 1 5 1 3 1 4 9
49	2 2 3 2 6 2 2 2 7 10
50	2 3 3 1 5 1 2 3 20
51	1 3 3 3 3 1 28
52	7 3 2 6 27
53	6 9 2 36
54	6 4 7 2 1 3 9 1 15
55	5 4 2 5 5 6 1 16
56	6 4 2 5 3 6 1 1 13
57	7 4 2 6 2 5 1 1 13
58	8 4 1 7 2 2 1 14
59	8 4 2 9 1 14
60	8 5 1 3 3 15
61	5 3 5 2 2 2 15
62	5 1 1 7 1 2 3 17
63	3 1 1 9 2 3 6 19
64	3 8 4 5 3 26
65	2 8 2 4 4 24
66	3 7 4 1 1 6 23
67	3 7 2 3 2 8 23
68	2 8 1 1 10 22
69	2 7 1 3 11 22
70	2 8 4 12 22

1	51
2	1 34 5
3	4 29 8 1 5
4	6 24 7 1 10
5	7 7 11 7 7 9
6	8 5 11 7 5 7
7	10 2 11 7 3 6
8	10 2 11 7 2 4 6
9	11 2 11 7 3 9
10	14 12 8 20
11	12 1 7 8 19
12	11 1 5 7 3 15
13	6 2 2 2 7 5
14	2 2 2 3 8 8
15	2 4 16 3 4
16	1 10 4 1 8
17	2 3 2 7 3 3 2 13
18	3 5 3 5 2 3 1 17
19	2 5 2 2 1 19
20	2 6 2 4 1 9 5 9
21	1 2 3 2 12 1 1 1 8 3 2 9
22	1 3 2 2 10 1 1 2 1 1 8
23	3 1 3 15 6 8
24	4 4 5 2 5 3
25	3 4 6 5 2 2 1 1
26	5 2 7 5 3 2 7
27	5 7 1 1 3 3 8
28	3 4 6 5 6 9
29	4 6 4 10 2 2 1 8 1 3
30	12 18 6 2 5 1 2
31	13 18 2 2 3 6
32	13 19 1 1 9
33	11 20 1 2 2 2 1
34	2 2 4 22 3 2 1 1
35	32 4 1 3 2 3 1
36	9 8 3 1 3 1 1 2
37	14 3 3 2 1 7 2 1 1 1
38	24 9 3 2 2 1 5
39	22 2 13 2 1 2
40	14 5 12 2 3 2 1
41	14 13 11 7 2 1
42	10 14 8 3 5 2 1
43	9 6 12 7 2 2 3
44	9 6 7 2 7 4 6
45	9 6 7 2 7 7 6
46	6 6 6 2 5 3 6
47	6 10 5 6 4 3 5
48	6 11 4 6 5 2 5
49	6 1 8 4 7 6 2 1 5
50	4 1 7 4 8 5 2 1 4
51	4 3 7 3 11 6 2 2 4
52	4 5 6 3 8 2 4 3 2 1 3
53	4 7 18 2 3 3 2 1 2
54	4 9 2 5 2 2 5 1 1
55	5 11 2 2 3 5 2
56	5 2 3 7 4 8 2
57	5 2 4 6 9 2
58	6 10 8 4
59	4 3 3 8 7
60	2 3 8 7
61	2 4 1 5 2 7
62	2 2 3 2 6 8
63	2 1 4 13 8
64	1 1 2 1 5 8 9
65	3 1 1 7 4 9
66	6 1 2 7 11
67	10 2 1 7 13
68	10 2 1 2 3 22
69	11 3 2 1 3 2 21
70	11 8 1 6 21
71	12 7 3 8 22
72	12 7 1 2 31
73	12 6 2 3 25
74	12 3 5 5 33
75	13 1 7 6 1 28
76	13 3 5 7 31
77	15 7 3 10 29
78	23 3 10 31
79	25 1 1 40
80	70

C98 바람이 밀어줘요

난이도 ★★★★☆

70×80

Column clues (top to bottom)

Column	Clues
1	13 2 4 5 3 11
2	8 4 2 1 2 9 11
3	7 6 2 1 2 8 4 6
4	7 6 1 3 2 7 10
5	7 7 1 6 2 7 10
6	7 8 3 2 1 2 2 6 8 1
7	8 8 1 2 2 3 2 4 1 10
8	8 8 2 2 1 2 2 2 6 9
9	7 8 2 2 1 2 2 2 6 8
10	7 8 2 1 1 3 4 2 5 2 8
11	7 8 2 3 1 3 2 2 4 11
12	7 8 2 2 4 3 5 3 11
13	3 4 7 1 2 1 1 5 4 3 11
14	2 6 7 2 1 1 2 3 3 3 2 5 5
15	2 14 2 1 1 1 2 3 11 11
16	2 16 2 4 1 1 1 3 9 6 3
17	2 14 2 2 1 1 2 5 8 9
18	1 13 2 2 7 5 1 5 1 7 5
19	1 14 2 6 1 3 2 5 1 7 4 2
20	23 2 5 4 2 1 7 5
21	12 4 2 6 1 3 3 2 1 4 2 2 4
22	12 4 6 1 1 3 1 2 4 1 8 3 1
23	1 10 2 2 2 1 1 2 1 5 2 4 1 5 10
24	12 1 1 2 1 1 1 2 4 1 4 1 9 6
25	11 2 3 1 1 1 1 4 2 1 4 1 9
26	1 6 4 3 1 2 2 1 13 1
27	11 5 3 4 6 4 1 10 1
28	3 6 2 1 3 4 7 4 1 2 6 2
29	1 2 5 1 1 1 1 2 7 4 1 8 2
30	1 5 3 1 1 1 1 3 2 1 8 3
31	1 5 3 3 1 1 1 4 2 1 5 3
32	2 5 5 1 3 1 1 2 4 3 1 4 3
33	2 15 3 1 1 1 2 3 1 4 2
34	3 10 7 2 3 1 2 3 1 4 2 2
35	3 9 3 9 2 4 2 2 1 6 1 2
36	13 4 2 3 11 1 1 2 2 1 6 5
37	13 3 4 2 1 7 1 2 3 1 4 1 6
38	3 1 3 1 2 1 1 2 1 3 2 1 6 6
39	3 3 4 1 1 2 1 2 1 3 1 1 6 6
40	4 4 4 4 5 1 3 1 1 6 6
41	4 3 3 4 5 6 1 1 7 6
42	5 3 3 1 2 4 6 3 1 7 6
43	5 2 2 1 1 1 1 6 3 1 8 5
44	6 2 4 2 3 2 1 1 3 1 1 9 5
45	6 11 5 3 2 1 1 3 1 1 10 2
46	6 9 3 5 1 1 2 3 3 1 10 3
47	16 5 6 5 1 2 3 1 4 5 3
48	15 2 10 2 1 2 1 1 10 2
49	15 3 2 1 2 2 1 5 1 2 3 1 10 3 1
50	7 1 3 1 1 10 1 2 3 1 7 6 1
51	7 7 2 3 2 2 3 2 1 1 4 3 3
52	7 2 4 2 3 4 6 3 1 3 8
53	7 4 3 4 4 6 3 1 2 4 1 2
54	8 5 3 2 1 1 2 2 1 2 1 1 2 10
55	8 10 2 1 1 1 1 1 1 1 2 1 2 11
56	8 13 4 1 1 1 1 2 1 1 2 3 7
57	29 1 1 1 3 2 2 4 11
58	25 2 5 1 1 1 2 1 1 3 10
59	5 18 3 4 1 3 1 3 2 3 1 6 3
60	4 19 2 7 2 2 1 4 2 1 10
61	4 15 2 2 5 1 4 5 6 4
62	4 14 5 2 2 1 2 6 7 3
63	4 13 5 5 6 11
64	5 11 6 3 7 1 1 2 3
65	5 9 4 1 3 4 5 3
66	5 9 2 4 9 4 3
67	5 9 7 10 3 1 2
68	5 8 7 11 3 1 2
69	6 15 7 7 1 2
70	24 3 9 2 3

Row clues (left to right)

Row	Clues
1	19 3 1 42
2	17 3 2 2 39
3	13 7 3 37
4	12 4 7 3 2 31
5	25 1 5 1 18 7
6	25 11 1 15 3 2
7	25 11 1 17 2 1
8	2 2 13 11 5 10 4 1
9	1 4 4 12 11 11 1 14
10	6 6 11 11 11 1 17
11	28 5 4 5 20
12	24 9 6 20
13	22 6 6 20
14	18 3 6 20
15	16 2 8 16
16	15 2 3 12 2
17	2 5 1 4 1 6 11 4
18	2 1 1 9 2 11 11 5
19	1 1 4 2 9 3 1 10 5
20	7 3 6 7 2 6 4
21	3 2 9 3 1 8 3 5
22	1 2 6 2 1 1 12 9
23	1 2 1 2 1 9 14
24	2 2 2 2 6 11 1
25	2 1 2 2 2 3 4
26	2 2 2 11 9 2 1
27	3 12 5 5 6 2
28	2 1 2 1 8 3 6 2 2
29	3 1 1 5 8 2 6
30	2 1 1 2 4 7
31	2 1 1 1 1 2 9
32	2 4 1 1 2 7 2
33	2 4 1 1 1 3 2
34	2 3 2 1 1 1 2 1
35	7 2 1 1 8 2 2 2
36	1 2 2 4 1 6 4 7 1
37	1 1 7 4 11 7 1 2
38	2 4 1 1 6 7 2 7
39	2 2 2 5 1 3 8
40	2 2 12 1 8 4
41	2 4 1 2 6 1 10
42	2 2 1 1 2 6 2
43	2 3 1 2 1 3 2
44	2 3 2 1 1 2 2
45	2 3 1 2 1 2 2
46	2 3 2 10 2 2 1
47	4 3 5 3 7 1 2
48	3 5 2 3 1 2 2
49	1 5 1 3 1 8 12
50	5 11 5 3 8 2 2
51	8 8 3 3 2 2
52	9 19 5 2 2
53	1 8 23 2 2 2
54	1 3 8 28
55	1 3 16 2
56	2 3 37
57	1 3 3 2 2 2 2 2 1 1 1 2
58	1 2 2 2 2 1
59	2 2
60	16 2
61	26 16
62	17 28 14
63	11 3 4 10
64	6 3 5 8 5 4
65	8 41 11
66	5 38 9
67	3 12 23 7
68	2 34 4 1
69	3 3 6 2 9 3 3 5
70	3 6 5 7 17 3 4 4
71	7 7 6 5 1 9 11 3
72	8 7 9 7 12 2 2
73	17 6 12 14
74	2 14 5 3 19 5
75	13 3 8 7 3 7 9
76	20 5 9 2 14 1
77	15 5 4 10 6 5 2 1 3
78	18 2 3 3 9 21 1
79	5 13 1 3 20 20
80	19 22 3 2 7 9

C99 어떤 말이 빠를까요?

난이도 ★★★★★

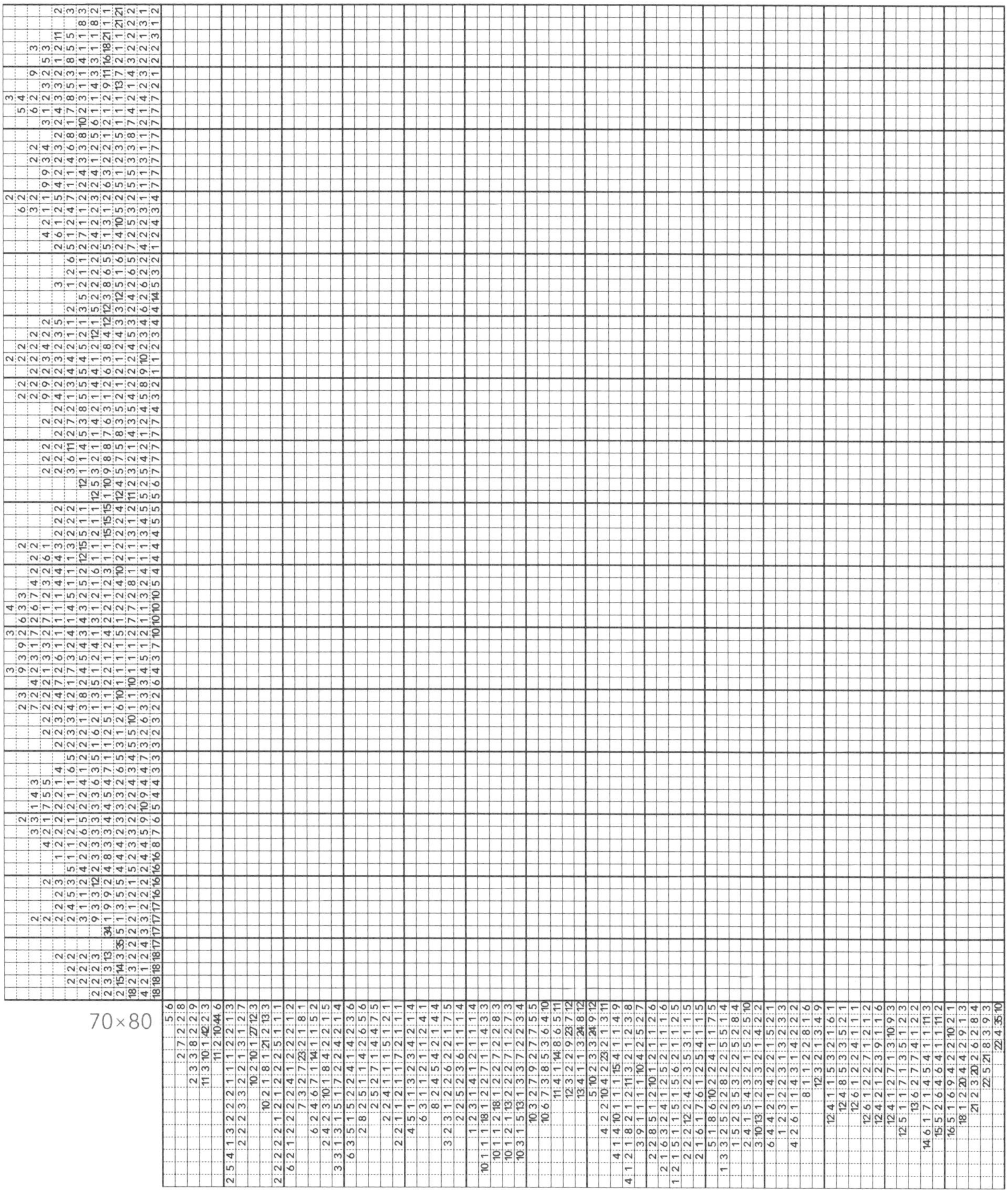

70×80

C100 한복을 입고 백년가약을 맺는대요

난이도 ★★★★★

70×80

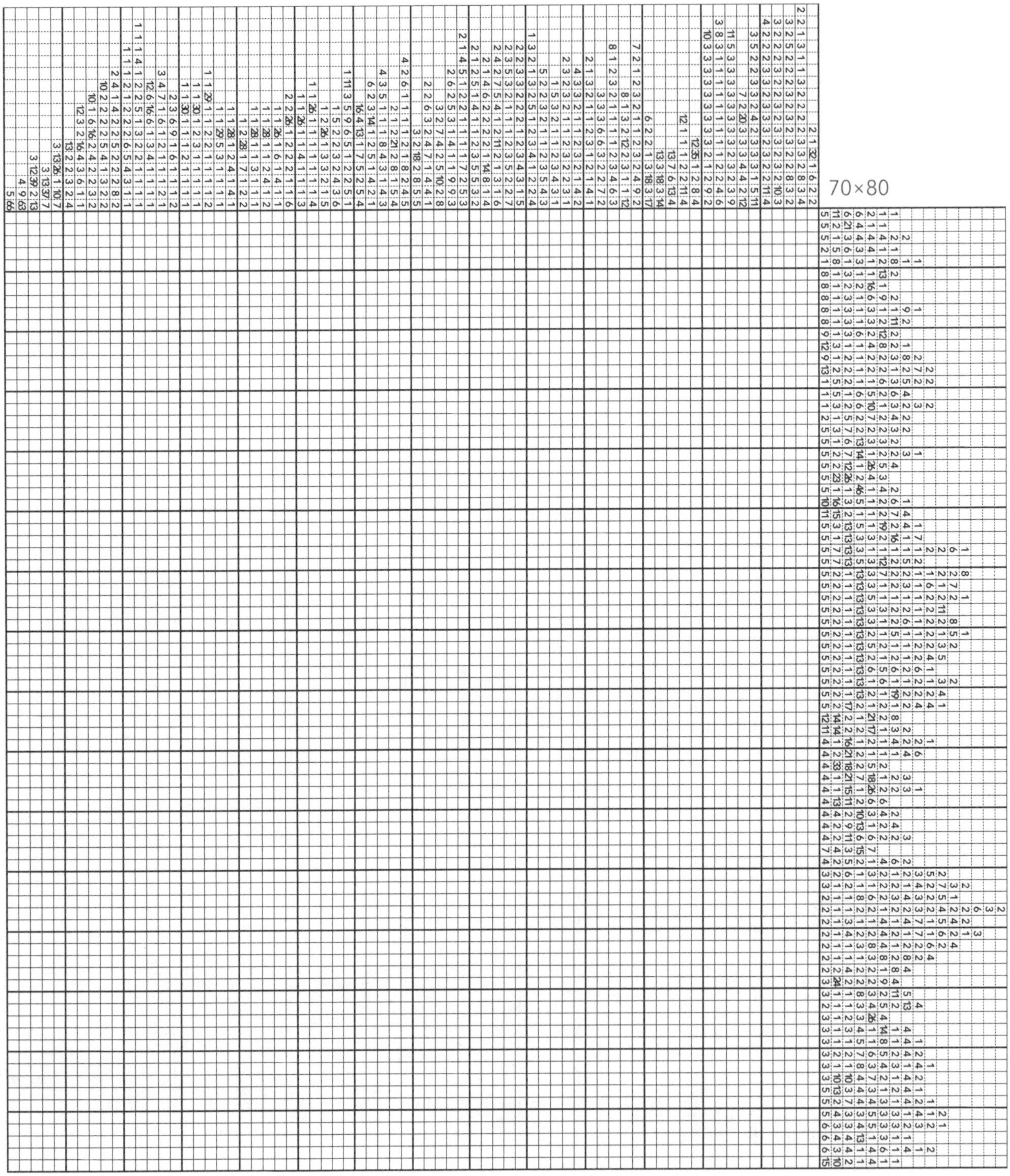

C101 루돌프와 산타할아버지가 사는 마을

난이도 ★★★★★

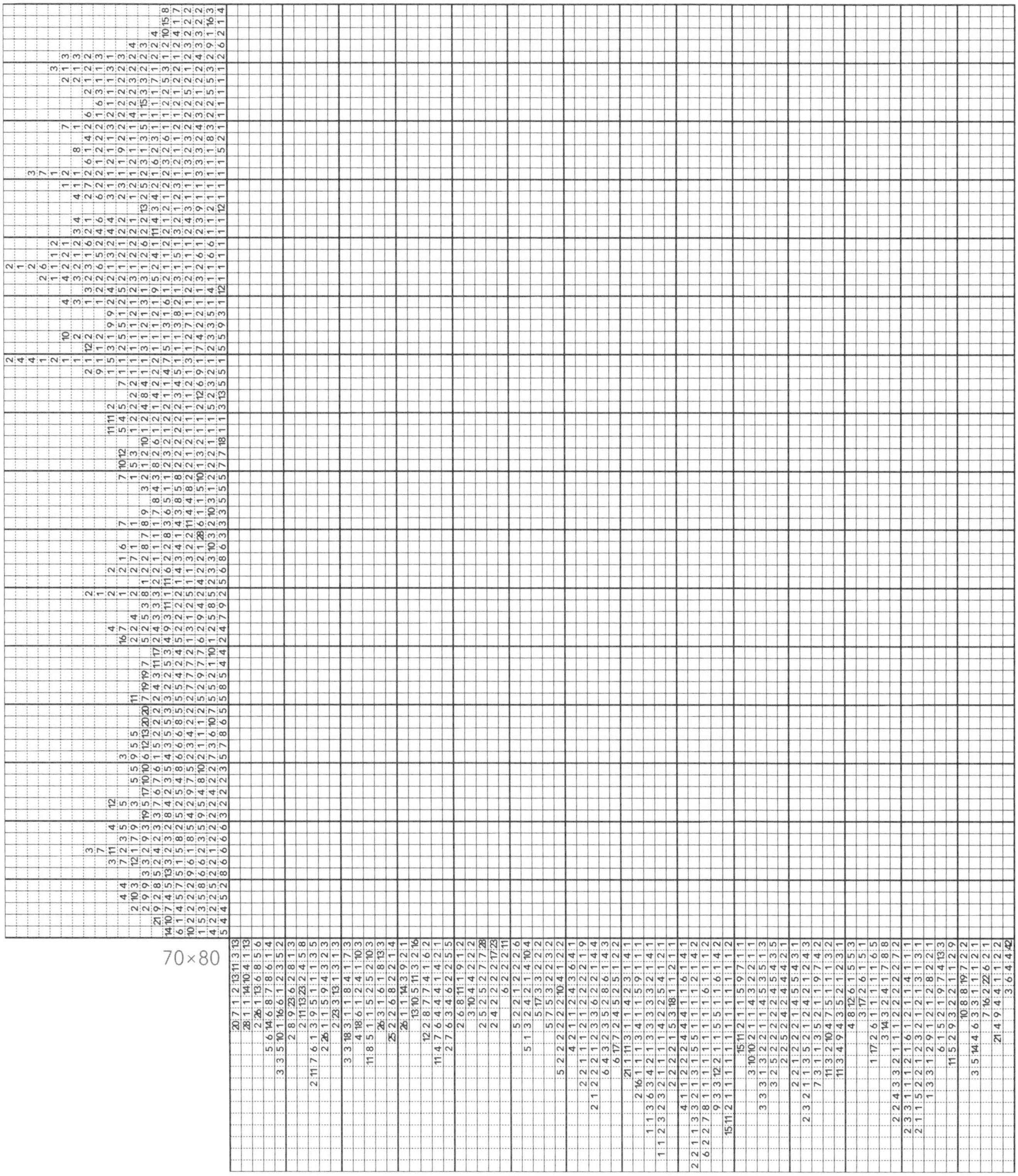

70×80

C102 신나는 장단에 맞춰 상모를 돌려요

난이도 ★★★★★

70×80

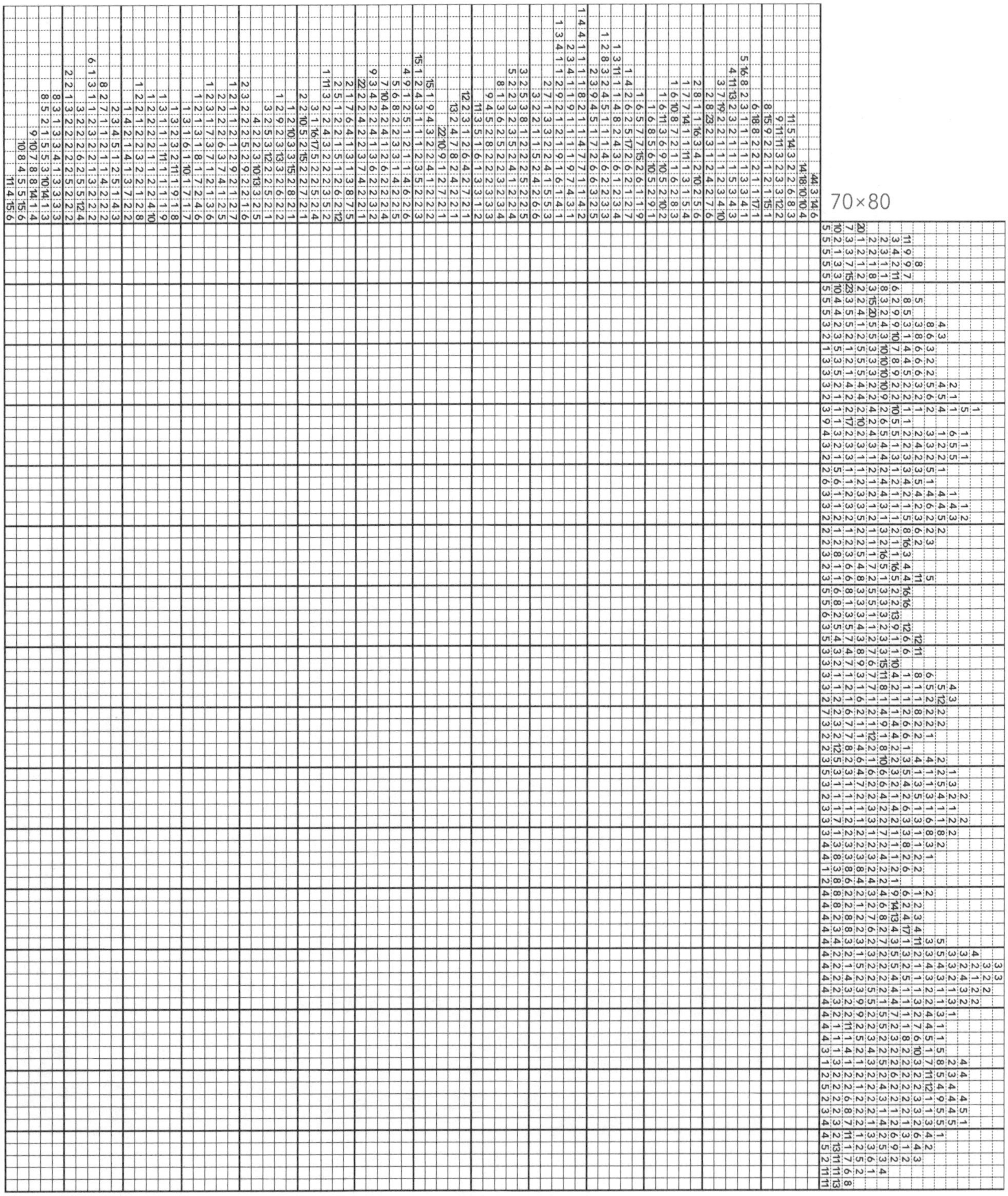

N E M O N E M O

해답

L O G I C   P L U S

PART A

A1 팥빙수

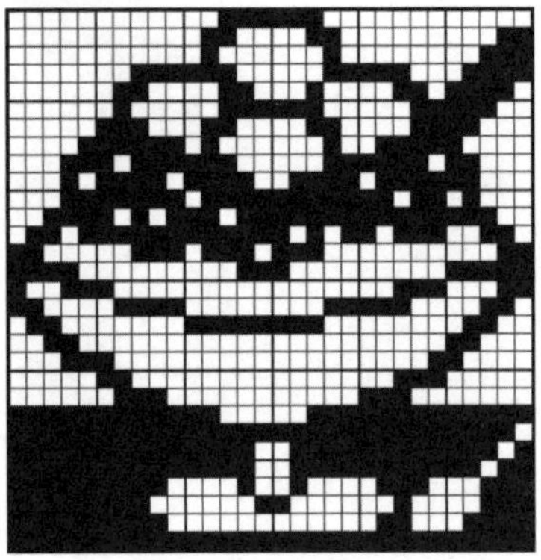

A2 어항

A3 저금통

A4 참새

A5 바리스타

A6 당나귀

A7 소라게

A8 스트레칭

A9 곤돌라

A10 캠핑카

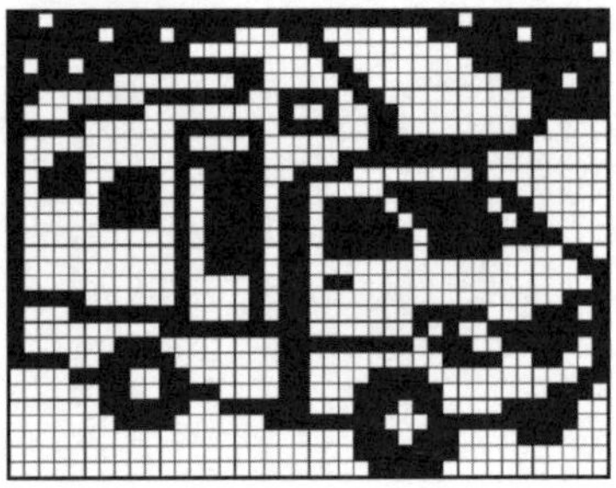

A11 가위

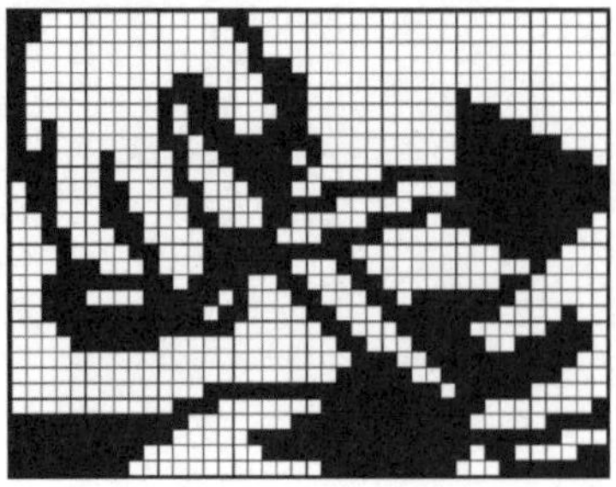

A12 탱크

A13 3D 영화

A14 엄지 척

A15 녹음실

A16 해녀

A17 저글링

A18 잠수함

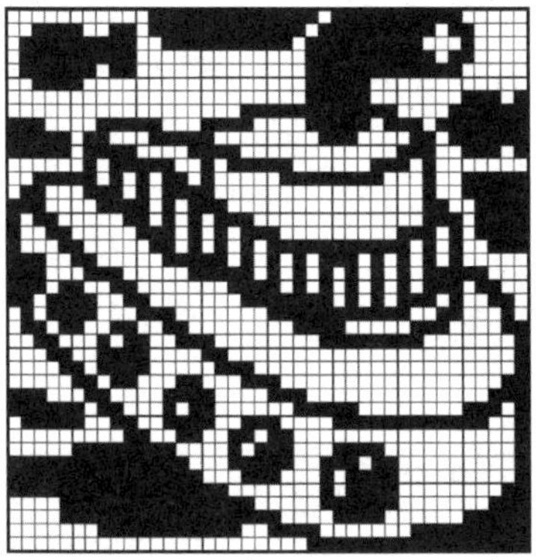

A19 도자기 빚기

A20 식사 시간

A21 롤러코스터

A22 사과하다

A23 다도

A24 미용실

A25 큐피드

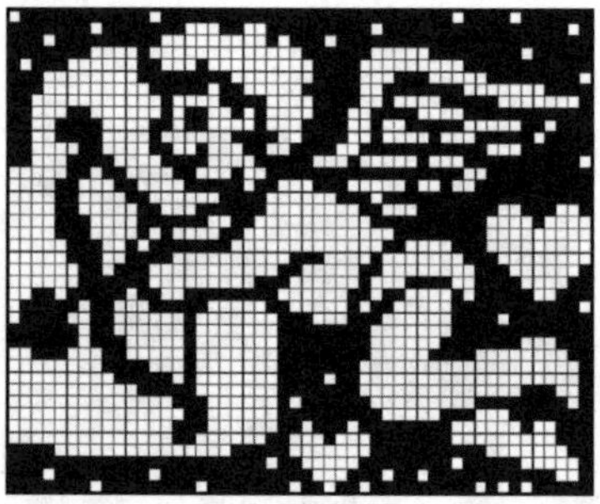

A26 고무줄놀이

A27 기차

A28 림보

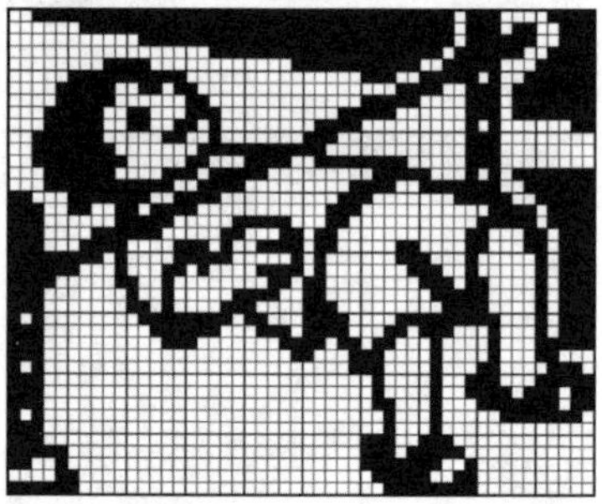

A29 굴착기

A30 인공위성

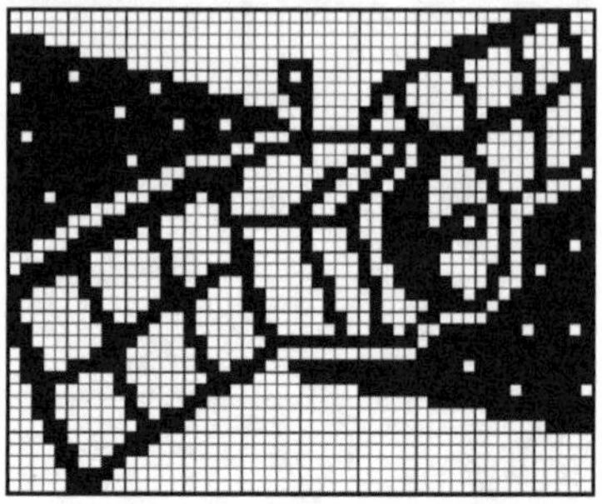

A31 뜀틀

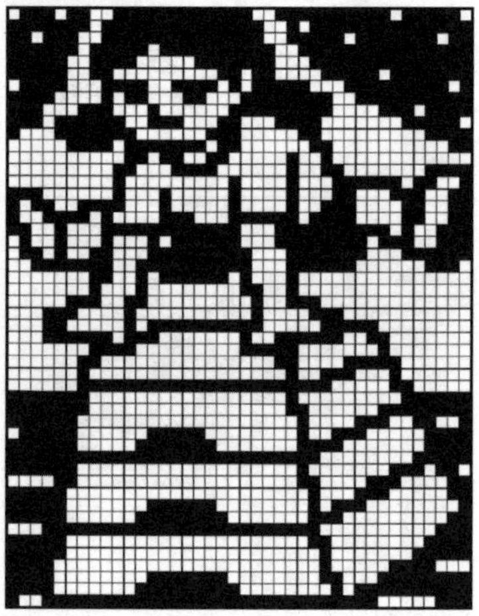

A32 족욕

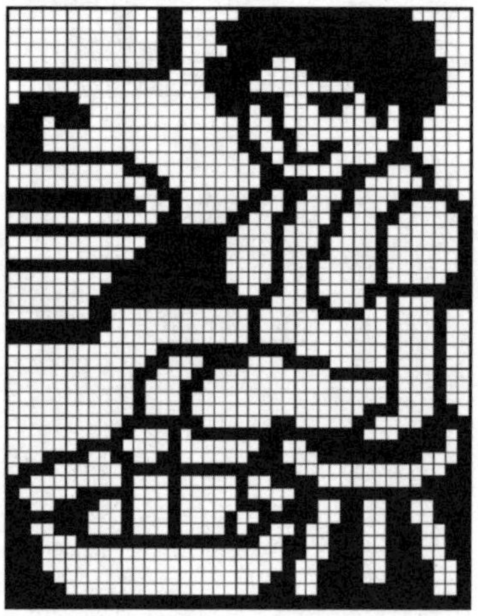

B33 시력검사

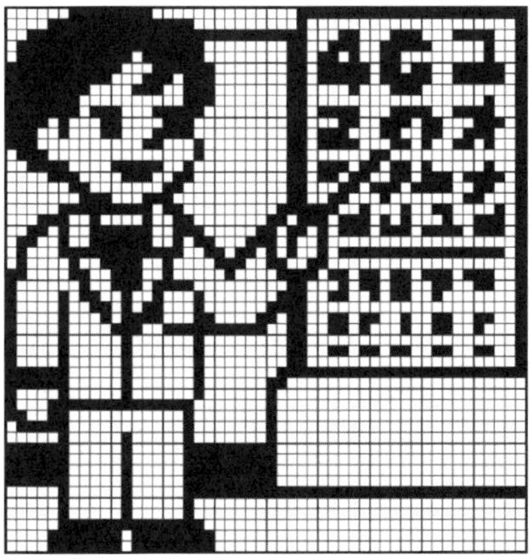

B34 모내기

B35 높이뛰기

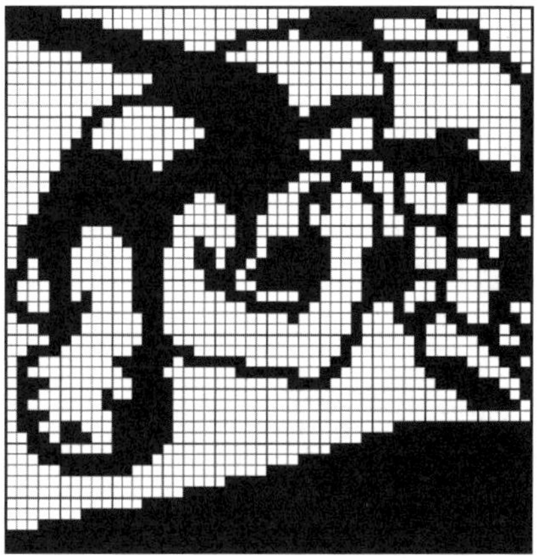

B36 피노키오

B37 반신욕

B38 쳇바퀴

B39 여행객

B40 자전거

B41 드라큘라

B42 공기놀이

B43 다림질

B44 스노클링

B45 도수치료

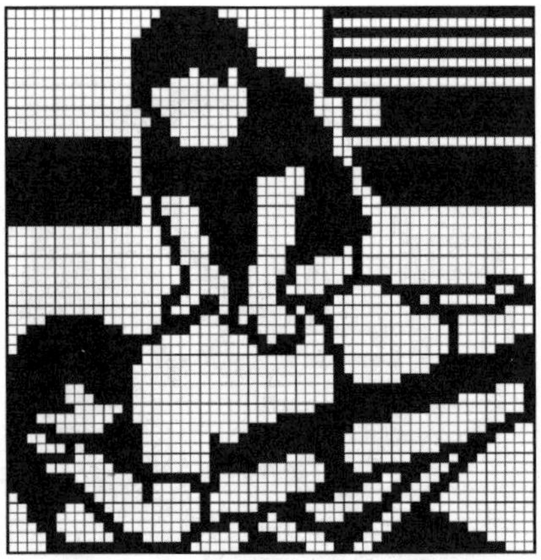

B46 줄타기

B47 기자

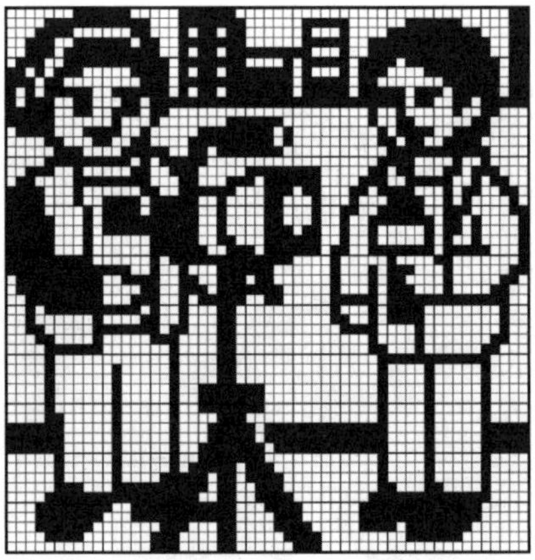

B48 가마싸움

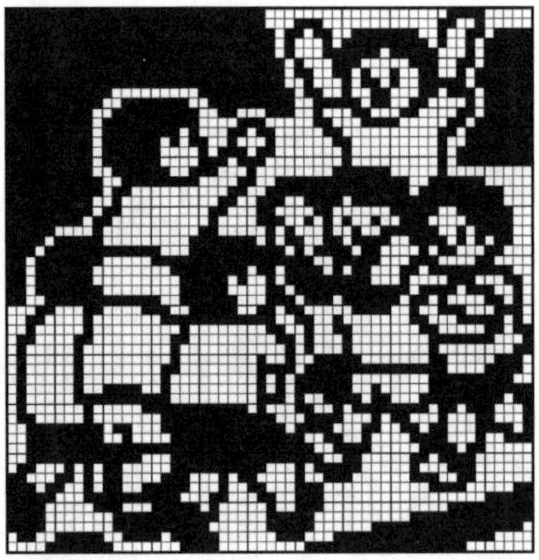

B49 계주

B50 훌라후프

B51 기와집

B52 저격

B53 민들레 홀씨

B54 지프

B55 쥐불놀이

B56 소파

B57 인디언

B58 풍등

B59 윷놀이

B60 돈키호테

B61 시소

B62 잔디 깎기

B63 헬스장

B64 캠핑

B65 학예회

B66 자장가

B67 부채춤

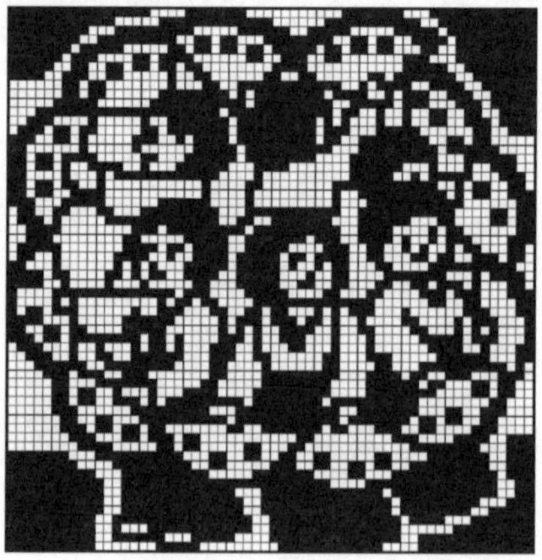

B68 말뚝박기

B69 트램펄린

B70 첫째 돼지

B71 버스킹

B72 팔자 놀이

B73 소풍

B74 고싸움

B75 등산

B76 배달

C77 디스코

C78 소꿉놀이

C79 줄넘기

C80 애비 로드

C81 사방치기

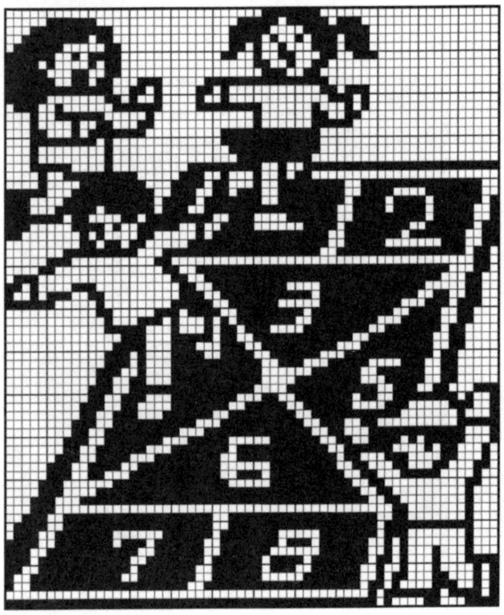

C82 대장간

C83 미어캣

C84 집콕

C85 수의사

C86 솜사탕

C87 비석 치기

C88 인형 뽑기

C89 트리하우스

C90 견우와 직녀

C91 스케이트장

C92 단군신화

C93 치과

C94 십장생

C95 탭댄스

C96 램프의 요정 캐릭터

C97 쥬라기공원

C98 범선

C99 경마

C100 전통혼례

C101 산타클로스 마을

C102 풍물놀이